CA SEI COM UM

PSICO
CO
PA
TA

CRIME SCENE
DARKSIDE

PSYCHOPATH: A TRUE STORY
Copyright © 2021 by Mary Turner Thomsom
This edition is made possible under a license arrangement originating with Amazon Publishing, www.apub.com, in collaboration with Sandra Bruna Agencia Literaria.
All rights reserved.

Imagem da Capa © Milosluz | Dreamstime

Tradução para a língua portuguesa
© Aline Zouvi, 2023

Diretor Editorial
Christiano Menezes

Diretor Comercial
Chico de Assis

Diretor de MKT e Operações
Mike Ribera

Diretora de Estratégia Editorial
Raquel Moritz

Gerente Comercial
Fernando Madeira

Coordenadora de Supply Chain
Janaina Ferreira

Gerente de Marca
Arthur Moraes

Gerentes Editoriais
Bruno Dorigatti
Marcia Heloisa

Editora Assistente
Jéssica Reinaldo

Capa e Proj. Gráfico
Retina 78

Coordenador de Arte
Eldon Oliveira

Coordenador de Diagramação
Sergio Chaves

Designer Assistente
Jefferson Cortinove

Finalização
Sandro Tagliamento

Preparação
Marcela Filizola

Revisão
Débora Grenzel
Maximo Ribera
Retina Conteúdo

Impressão e Acabamento
Gráfica Geográfica

DADOS INTERNACIONAIS DE CATALOGAÇÃO NA PUBLICAÇÃO (CIP)
Jéssica de Oliveira Molinari - CRB-8/9852

Tomson, Mary Turner
Casei com um psicopata / Mary Turner Thomson ; tradução de Aline Zouvi. -- Rio de Janeiro : DarkSide Books, 2023.
240 p.

ISBN: 978-65-5598-273-2
Título original: Psychopath: A true story

1. Bigamia 2. Psicopatas 3. Tomson, Mary Turner – Autobiografia
I. Título II. Zouvi, Aline

23-2633 CDD 364.183092

Índices para catálogo sistemático:
1. Bigamia - Psicopatas

[2023]
Todos os direitos desta edição reservados à
DarkSide® Entretenimento LTDA.
Rua General Roca, 935/504 – Tijuca
20521-071 – Rio de Janeiro – RJ — Brasil
www.darksidebooks.com

Mary Turner Thomson

casei com um
PSICOPATA
um relato real

Tradução
Aline Zouvi

DARKSIDE

Para os meus filhos,
que me inspiraram a viver a melhor vida
possível e não só resistir à tempestade,
mas também renascer das cinzas
e construir um mundo melhor

SUMÁRIO

Nota da Autora *.11*

Prólogo *.13*

O Fim *.15*

Expurgo *.22*

Termos Apropriados *.26*

Teste de Psicopatia *.32*

Quebrando o Silêncio *.48*

Condenação *.54*

Desenlaces *.58*

Espírito Lutador *.60*

Estúdios de TV *.62*

Os Feridos *.69*

Cimento Fresco *.75*

Jon Ronson *.80*

Festival do Livro de Edimburgo *.83*

Trabalho e Amor *.85*

Fora da Cadeia *.89*

Velhos Truques *.92*

Jogos Psicológicos *.95*

México *.102*

Hipnotizador *.107*

Batismo de Fogo *.110*

União *.114*

Ele Chegou a Me Amar? *.117*

Gato e Rato *.123*

Virando o Jogo *.130*

Fim de Jogo *.148*

Belle *.152*

Conversas no Facebook *.162*

Não Dá para Salvar Todo Mundo *.165*

Noites Psicopatas *.167*

Opostos Se Atraem *.172*

Impostores *.185*

Mais Vítimas *.191*

O Presente *.200*

A Vida Continua *.207*

Novos Começos *.212*

EXTRAS

Breve guia para identificar e combater técnicas tóxicas *.217*

Livros Recomendados *.230*

Artigos e Matérias Recomendadas *.233*

NOTA DA AUTORA

Este é um relato verdadeiro contado a partir da minha memória e conforme o que me foi relatado por outras vítimas de Will Jordan. Muitos nomes foram alterados para proteger aqueles que não querem ser identificados. Usei o meu nome verdadeiro porque nunca senti que tivesse qualquer coisa a esconder e sinto fortemente que, ao me posicionar e falar sobre essa questão, estou ajudando outros a manifestarem-se também. Usei o nome verdadeiro de Will Jordan porque sinto que é importante proteger vítimas passadas e potencialmente futuras que podem não saber quem ele é. Ao usar o nome dele, elas podem encontrar algum descanso, sabendo, enfim, a verdade.

Quando o meu primeiro livro, *The Bigamist*, foi originalmente publicado, não usei os nomes verdadeiros dos meus filhos porque eles eram novos demais para decidir por si próprios se queriam ser identificados ou não. No entanto, à medida que as crianças cresceram, ficaram chateadas comigo porque também sentiam que não têm nada a esconder. Então, na última edição, os nomes verdadeiros foram usados: Robyn, Eilidh e Zach, assim como são usados aqui.

Também inventei o nome Michele para a outra esposa britânica de Will Jordan no livro anterior para proteger a privacidade dela. Porém, uma das vítimas mais recentes chama-se Mischele, o que pode causar confusão e, de fato, confundiu a imprensa algumas vezes. Mischele (a vítima mais recente) me pediu que eu usasse o seu nome real. Portanto, neste livro não usei nenhum nome para me referir à outra esposa britânica de Will Jordan. Suponho que, devido à quantidade de mulheres envolvidas nessa história inesperada, não seja surpreendente que alguns nomes fossem duplicados!

casei com um
PSICOPATA
Mary Turner Thomson

PRÓLOGO

Eu estava entorpecida. Pairava pela carnificina que era a minha vida como uma cena de filme com escombros após um ataque de bomba. Os ouvidos zunindo e surdos para o caos à minha volta enquanto tudo explodia. O meu mundo externo estilhaçava-se ao passo que a minha mente, por dentro, desmoronava. Naquele momento eu não podia imaginar como qualquer coisa "ficaria bem" de novo. A devastação consumia tudo e me fazia pensar em como seria impossível me recuperar. Mas me recuperei.

Em 2006, perdi tudo da vida que eu conhecia. Tudo foi tirado de mim pelo homem por quem me apaixonei em 2000 e com quem casei (de forma bígama, como descobri depois) em 2002. Economias pessoais e tudo que eu construíra financeiramente na vida adulta desapareceram; meu trabalho se foi e, com ele, a minha capacidade de ganhar dinheiro; a casa foi tomada de mim, deixando os meus filhos e eu à mercê dos caprichos de um proprietário; as dívidas contraídas no meu nome eram astronômicas. O homem a quem eu tinha prometido "amar e respeitar" acabou revelando-se um monstro que não apenas engravidava mulheres para arrancar dinheiro delas, mas que torturara e abusara de mulheres psicologicamente durante toda a sua vida — incapacitando-as mental, emocional e financeiramente apenas para divertimento próprio. Esse homem, que tinha declarado ser a minha alma gêmea, entrara na minha cabeça e sistematicamente mudara a minha forma de pensar, me fazendo viver com medo e roubando a minha capacidade de expressão, me mantendo em silêncio para que eu não pudesse assimilar o que estava acontecendo comigo. Ele me fez amá-lo enquanto abusava de mim. Eu tinha dado tudo a esse homem: meu corpo, meu coração, meu dinheiro, minha voz e minha mente — mas eu estava dormindo com o inimigo. Fui enganada, manipulada, ludibriada, abusada — emocionalmente amassada como um pedaço de lixo e descartada. A minha autoconfiança e autoestima foram destruídas.

Eu ficava me perguntando: "Como pude ser tão completamente enganada por esse mentiroso consumado?". E isso quase me levou a me calar de novo, porque sabia que outras pessoas também estavam se perguntando a mesma coisa. Como pude ser tão estúpida, desesperada, carente ou ingênua?

Contudo, a questão mais importante era: "Para onde vou a partir daqui?".

Eu ainda tinha algo para me ajudar a aguentar tudo isso. Os meus filhos. Robyn, Eilidh e Zach. Independentemente do que acontecera, eu ainda os tinha, e encontrar uma maneira de sair dessa situação era algo que eu devia a eles.

Alerta de *spoiler*, eu não só segui em frente, como encontrei a minha voz e a usei para sair do poço e me reerguer. Não só consegui voltar, mas criei uma vida nova e mais animada para mim e a minha família. Quando terminei de escrever *The Bigamist*, ainda estava apenas respirando. Estava sobrevivendo após uma experiência traumática. Agora, ao terminar de escrever *Casei com um psicopata*, me sinto sortuda e grata por estar onde estou. Não grata ao meu abusador, mas grata por ter tido a oportunidade de testar a minha coragem e usar essas experiências para ajudar outras pessoas. Não só me recuperei, mas também tornei-me imune a personalidades tóxicas, e agora uso o meu conhecimento para mostrar às pessoas que estão em uma situação semelhante como escapar, sobreviver e prosperar, através da minha escrita e fala.

Este livro é a história da minha jornada até o limite, e é a prova de que se recuperar de um psicopata é possível.

É, também, a história do que o psicopata fez em seguida.

casei com um

PSICOPATA

Mary Turner Thomson

O FIM

A minha vida mudou para sempre em 5 de abril de 2006, quando atendi o telefone e a mulher do outro lado apresentou-se como a outra esposa do meu marido. De repente, as paredes do meu mundo aterrorizante desmoronaram ao meu redor e eu estava livre do abuso e do controle de que nem tinha consciência que me aprisionavam. Agora lembro aquele momento com ainda mais clareza à medida que o tempo me dá a sabedoria para ver o que estava acontecendo de fato.

Por um tempo, em 2006, parecia estar vivendo a vida em um vácuo. Eu estava funcional e, conforme os dias se transformavam em semanas, aos poucos parei de ficar me lembrando de inspirar e expirar — mas ainda só conseguia concentrar-me em uma coisa de cada vez. Levava as crianças para a escola e conseguira uma creche gratuita para o meu filho por algumas horas ao dia. Quando ele estava lá, eu ia ver a minha mãe e me ocupava ao ajudá-la. Me concentrava em uma tarefa por vez porque isso me impedia de pensar no que eu tinha acabado de passar e na situação como um todo em que estava.

Tive muito apoio da agência de saúde que recomendou a creche e me mostrou outras instituições que poderiam ajudar. Quando Will Jordan, que ainda era o meu marido naquele momento, foi levado ao tribunal pela primeira vez para uma audiência preliminar em abril de 2006, houve muito interesse da mídia. O crime de bigamia é bastante raro por si só, e o acréscimo de fraude, crimes com armas de fogo e o não registro sob a Lei de Crimes Sexuais tornaram a história particularmente interessante para a imprensa. Aonde quer que eu fosse, levava os artigos do jornal comigo, porque estava convencida de que as pessoas não acreditariam em mim quando lhes contasse o que acontecera. Ficava surpresa quando automaticamente presumiam que eu estava dizendo a verdade e não pediam de imediato para ver as evidências. Eu me fiz de corajosa e disse a todos que estava bem, mas, na verdade, estava em um perpétuo estado de limbo, oscilando entre o choque e o pânico.

Eu abraçava os meus filhos e falava com eles com carinho. A minha filha de 4 anos, Eilidh, costumava sentar-se no meu colo aos prantos e eu chorava com ela enquanto a embalava e lamentávamos juntas a perda do nosso núcleo familiar. Robyn, a minha filha de 7 anos, foi menos efusiva e sufocou as emoções. Ela me abraçava e falava abertamente sobre o assunto, mas não chorava tanto. O meu filho, que tinha apenas 1 ano, não sabia o que estava acontecendo. Isso era tudo que eu podia fazer para tentar manter a vida o mais normal possível para eles.

Eu não conseguia trabalhar, no entanto. Não conseguia me concentrar em mais nada além de colocar um pé na frente do outro. Tive que me registrar para receber benefícios para sobreviver financeiramente. Fui aprovada em um benefício de invalidez financiado pelo Estado, um "auxílio-doença", que costuma ser conferido regularmente para garantir que ninguém está enganando o sistema. Me chamaram para uma avaliação médica após uns dois meses e, como de costume, levei os artigos comigo. Entrei no consultório e os mostrei à médica. Ela comentou que eu estava lidando muito bem com a situação e me autorizou a receber o benefício por tempo indefinido. Ainda sou muito grata por isso — principalmente no primeiro ano, quando eu não tinha nada e estava no fundo do poço.

Depois que encontrei a minha voz e comecei a falar com as pessoas, descobri que não conseguia parar. Já tinha sido silenciada o bastante, e me senti compelida a contar às pessoas sobre isso. Contava o que acontecera a todos com quem conversava. Não nos mínimos detalhes, mas eu dava um resumo da história antes mesmo de perceber que estava falando sobre isso de novo. Os meus amigos foram muito pacientes comigo, mas eu sabia que alguma hora começaria a irritá-los e esforçava-me muito a parar de falar sobre isso com eles. Então comecei a contar a história a estranhos, qualquer um com quem ainda não tivesse falado sobre o assunto. Cheguei num ponto em que tive que conscientemente me fazer parar de falar sobre isso. Se estivesse em um ponto de ônibus e alguém dissesse "bom dia" para mim — algo que ainda é bastante comum na Escócia —, eu sorria e respondia "bom dia" e, em seguida, adicionava: "acabei de descobrir que o meu marido é um bígamo e um golpista". Era quase como se eu estivesse me rebelando contra os anos de silêncio e o fato de ter sido proibida de contar qualquer coisa a alguém. Às vezes as pessoas ficavam chocadas e evitavam qualquer conversa, mas outras ficavam fascinadas e continuavam o diálogo, o que me ajudou a gradualmente entender o que acontecera.

Eu também tinha uma compulsão para descobrir mais, para falar com outras vítimas de Will Jordan e entender a situação como um todo. Estava em contato frequente com Alice Kean, a mulher que fora sua "funcionária", noiva e vítima de um de seus golpes. Ele tinha usado o cartão de crédito dela para pagar reparos no seu carro e ela montara uma operação policial para pegá-lo. Entre nós, encontramos George, filho de Will Jordan que morava nos EUA, e ele me apresentou à sua mãe, Devi, que fora o amor de adolescência de Will Jordan quando ele tinha 15 anos e ela, 14. A outra esposa do meu marido no Reino Unido contara-me sobre a primeira esposa dele nos EUA, Alexis, e não foi muito difícil rastreá-la. Alexis casara com Will Jordan quando ele tinha 23 anos. Ele deu um golpe nela e, além disso, a traiu com Devi e a mulher que mais tarde se tornaria a sua primeira esposa no Reino Unido.

Solicitei contas detalhadas de celular e revisei os números. Nas contas, encontrei empresas que Will Jordan fraudara, incluindo um homem chamado Malcolm, que me disse que também fora enganado. Malcolm também me falou sobre os vários outros empresários com quem entrara em contato quando ele próprio investigou Will Jordan.

Cada uma das vítimas que rastreei e com quem conversei acrescentou mais à história e ficou mais claro que esse era um padrão de comportamento de toda uma vida. Quanto mais eu conversava, mais vítimas encontrava — a história, como um todo, era bem complexa.

No verão de 2006, eu queria ler sobre como outras pessoas tinham lidado com situações semelhantes, então, em algum momento, entrei em uma livraria e pedi um livro sobre bigamia ou sobre ser enganado por um parceiro, contando ao assistente brevemente o que acontecera comigo. Ele deu de ombros, parecendo surpreso, e disse que não sabia de nada parecido.

Sou uma leitora ávida desde os meus vinte e poucos anos e costumo ler romances, mas, depois de abril de 2006, percebi que não conseguia ler nada exceto *true crime*. Por quase um ano só li histórias sobre violência doméstica, abuso infantil e relatos de sobrevivência em situações traumáticas. Eu tinha gostado do romance *Uma Vida Interrompida,* de Alice Sebold, e em 2004 me deparei com a sua autobiografia, *Sorte: Um Caso de Estupro*, que é a história do seu terrível estupro e como ela se recuperou — mais do que isso, é sobre como o estupro afetara todos ao seu redor, e pude entender de onde viera a história de *Uma Vida Interrompida*. Mas uma coisa que ela disse realmente ressoou em mim. Ela falou sobre o transtorno de estresse pós-traumático (TEPT) e como se cercou de violência para fazer o próprio passado parecer mais normal. Me dei conta de que estava me cercando de histórias horríveis de abuso, manipulação e controle coercitivo também. Isso ajudava a normalizar a minha situação e me fazia sentir menos sozinha. No entanto, não havia nada nessas histórias que correspondesse de verdade ao que eu tinha passado. Eu não poderia ser a única.

A minha mãe me ajudou a segurar as pontas com a sua força prática, calma e compreensiva. Mesmo depois de saber que estava perdendo a batalha contra o linfoma não Hodgkin (meras semanas depois de descobrir que o meu marido era um bígamo), ela estava lá por mim. Foi incrivelmente acolhedora ao longo dos últimos quatro meses, ajudando-me a me recuperar enquanto eu a ajudava a fazer compras, cozinhar etc. Passei o máximo possível de tempo com ela enquanto a minha mãe lutava contra o câncer.

Ela me disse para me manter de cabeça erguida e escrever a minha história. A minha mãe sabia que essa experiência poderia ajudar outras pessoas e que contar isso me ajudaria. Ela me disse que devia haver outras pessoas que passaram por situações semelhantes, mas se as pessoas não estavam falando sobre isso, então talvez eu devesse falar.

A última vez que vi a minha mãe foi no hospital, em 14 de agosto de 2006. Ela estava cansada e desconfortável. Estava pronta para partir, mas ainda tinha o seu senso de humor. O enfermeiro perguntou se ela precisava de alguma coisa.

A minha mãe respondeu: "Sim, uma pedra grande!".

O enfermeiro pareceu confuso, então acrescentei calmamente: "É para bater na cabeça dela".

"Ah, entendi", disse. "Acho que não tenho uma."

Mamãe não gostava de criar um alvoroço, mas estava com muita dor e lutando para respirar. Era difícil vê-la com tanto desconforto, então eu lhe disse para pedir mais morfina se precisasse. Àquela altura, o hospital sabia que era apenas uma questão de tempo até que ela morresse e a equipe estava apenas tentando deixá-la o mais confortável possível. Eu sabia que aquela visita seria provavelmente a última vez que eu a veria, e tentei não lhe mostrar o quão triste eu estava, mesmo com o meu coração se partindo mais uma vez. Conversamos sobre a escrita do meu livro, e ela me disse que não tinha nenhuma preocupação comigo. Ela disse: "Quero que você fique com o meu anel de casamento. Passei uns bons anos com ele, quarenta e nove para ser mais exata, então espero que te faça feliz também. E, Mary, não desista — vai dar tudo certo".

Eu não queria deixá-la naquela noite e pensei em dormir na cadeira ao lado, mas ela me disse que estava cansada e eu tinha que ir para casa ficar com os meus filhos. Então a deixei com um caderno meu para que pudesse escrever caso quisesse. Eu a abracei e disse que a amava, então falei que a veria no dia seguinte, sabendo no meu coração que isso poderia não acontecer, mas naquele momento esperava, de forma egoísta, que pudéssemos ter pelo menos mais um dia juntas.

Quando ficou óbvio na manhã seguinte que lhe restava pouco tempo, os enfermeiros queriam nos chamar de volta para o hospital, mas mamãe disse para não fazerem isso. Ela não queria que passássemos pela angústia de vê-la morrer. Então só nos ligaram no último minuto e, quando chegamos, era tarde demais. Mamãe morreu na manhã de 15 de agosto de 2006.

Uma semana depois, em 22 de agosto de 2006, realizamos uma celebração da vida da minha mãe com uma cerimônia não religiosa no Crematório de Mortonhall. Tivemos que mudar a celebração da capela pequena para a grande porque muitas pessoas disseram que iriam.

Profissionalmente, ela era uma designer de interiores, mas também foi uma ativista das artes, uma anfitriã de festas maravilhosas e uma colecionadora de almas perdidas. Ela tocara e melhorara muitas vidas. Entre várias outras coisas, ela participara do júri do prêmio Arte na Arquitetura para a Saltire Society e viajara por toda a Escócia para observar edifícios e mostrar apreço por eles. Ela realmente odiava o prédio do Crematório de Mortonhall e dissera em muitas ocasiões que, se pudesse, o derrubaria e o reconstruiria do zero. No entanto, não tínhamos outra escolha de local, então a celebração da vida dela, assim como a cremação, foi realizada lá.

Era um lindo dia de verão e eu estava do lado de fora do crematório com o meu pai e três irmãos mais velhos esperando as pessoas chegarem, sentindo o meu coração dilacerado. Foi sufocante. Mais e mais pessoas chegaram e, de acordo com o desejo dela, todos usavam muitas cores como um sinal de respeito. Foi impressionante: 150 pessoas vestidas com cores vivas, cada uma dizendo que a minha mãe era uma mulher incrível e o quanto elas eram gratas por tê-la nas suas vidas. Ela fora uma luz tão brilhante para muitas pessoas e foi importante saber que a sua vida significara tanto.

Não me lembro de nada da cerimônia, embora eu saiba que o fato de tantas pessoas a amarem e desejarem estar lá foi um sinal positivo e de reconhecimento. Suponho que o meu irmão e a minha irmã mais velha falaram, mas não lembro. Acho que estava apenas tentando me controlar e evitar me desfazer ali. Mesmo agora, não consigo pensar nela sem que o meu peito queime e lágrimas gigantes rolem pelo meu rosto.

Seguindo o pedido de mamãe, demos uma festa na casa dela depois, com champanhe e salmão defumado. Todo mundo tinha uma história para contar sobre ela — sobre como ela os ajudara e inspirara, como a sua vida significara tanto para tantas pessoas. Realmente foi uma celebração da sua vida, exatamente como ela queria.

No dia seguinte, ouvi o noticiário e comecei a rir, provavelmente pela primeira vez desde a sua morte. Houvera um incêndio no Crematório de Mortonhall logo depois que partíramos. A porta do crematório não fora fechada corretamente e isso causara um incêndio na cobertura. Foram necessários 25 bombeiros e cinco carros durante quase seis horas para apagar as chamas. Felizmente, ninguém ficou ferido. Liguei para o crematório e perguntei se foi a cremação da minha mãe que tinha iniciado o fogo e a telefonista me disse, nervosa: "Não, não, não havia restos mortais na câmara de cremação quando o incêndio começou".

"Por que o forno crematório estava ligado, então?", perguntei.

Apenas recebi um murmúrio como resposta e a pessoa rapidamente desligou.

A minha mãe não acreditava na vida após a morte, mas, se tinha uma coisa que ela faria, era queimar aquele prédio, então para mim foi absolutamente maravilhoso que o fogo no crematório tivesse acontecido naquele dia. Além do mais, era algo que mamãe teria achado muito divertido.

casei com um
PSICOPATA
Mary Turner Thomson

EXPURGO

De acordo com os desejos de mamãe, e apenas dois dias depois que ela morreu, participei da minha primeira oficina de escrita no Festival do Livro de Edimburgo. No dia seguinte ao funeral, fui para a segunda oficina. Era uma sessão de escrita criativa com cerca de vinte alunos, todos sentados em um círculo com cadernos na mão. O primeiro exercício que fizemos foi dizer aos outros três coisas que aconteceram conosco recentemente que poderiam virar material para uma história. Cada pessoa contou a sua parte e então chegou a minha vez.

"Bom, em abril eu descobri que o meu marido era um bígamo e golpista que engravidava as mulheres para roubá-las; semana passada a minha mãe morreu; e ontem ela incendiou o Crematório de Mortonhall após o seu funeral."

Como você pode imaginar, a reação foi como se eu tivesse desencadeado uma pequena explosão no centro do grupo e os rostos chocados me fizeram rir alto. Devo ter parecido totalmente louca.

Então a pessoa seguinte disse: "O que é que eu vou dizer depois disso?".

A terceira sessão de que participei foi uma discussão sobre escritas autobiográficas, em que a agente literária Jenny Brown conversou com uma pessoa do mercado editorial sobre o tipo de livro que costumavam publicar. Durante a sessão fiz uma pergunta e, no final, pulei da cadeira para alcançá-las antes que saíssem do auditório. Contei, correndo, um rápido resumo da minha história e ambas me deram os seus cartões, pedindo para me encontrar para uma nova conversa.

Me encontrei com Jenny Brown em um pequeno café perto do seu escritório. Nos sentamos e expliquei em detalhes o que tinha acontecido. Jenny foi maravilhosa e muito encorajadora. No começo, ela disse que eu precisaria de um *ghostwriter*, já que nunca tinha escrito ou publicado nada antes, mas expliquei que queria contar a história com as minhas palavras e usar qualquer livro que eu criasse para começar uma nova vida. Jenny sugeriu que eu lhe enviasse um capítulo para ver o que ela achava e a sua resposta quando fiz isso foi ótima. Ela escreveu: "Bom, uma coisa que está clara é que você não precisa de um *ghostwriter*!". Foi muito animador e aumentou bastante a minha confiança.

Os primeiros editores que conheci também ficaram entusiasmados com a história. Tivemos uma reunião e eles me ofereceram um adiantamento. Achei aquilo fascinante — eu era uma completa desconhecida, e eles não faziam ideia se eu seria capaz de escrever ou não, mas a história era tão extraordinária que justificava me pagar um adiantamento para ver se eu conseguia criar um livro! Se a minha mãe pudesse ser qualquer coisa que quisesse, seria uma autora, e conseguir um contrato de publicação apenas um mês depois de ela ter morrido foi uma forma de honrá-la. Fiquei profundamente triste por ela não estar viva para ver isso acontecer, mas eu sentia que a estava deixando orgulhosa.

Então, enfim, comecei a colocar no papel o que havia acontecido e como. Foi difícil começar porque os pensamentos não paravam na minha cabeça. Foi como tentar encontrar o fim de uma enorme bola de espaguete amarrada com firmeza na minha mente. Havia muito barulho e confusão. Então escrevi a coisa mais recente e dramática primeiro — o telefonema da outra esposa e o encontro com ela. Fazer isso liberou algum espaço na minha cabeça e afrouxou o nó. Isso permitiu que eu achasse a ponta de outra parte da história.

Eu levantava todos os dias às cinco da manhã e escrevia por duas horas enquanto as crianças dormiam. Então as acordava, dava café da manhã e as levava para a escola e a creche. Depois ia a um café por algumas horas e escrevia, despejando tudo em cadernos que levava comigo para todo lugar.

Essa bola emaranhada de espaguete na minha cabeça começou a se desfazer e, a cada capítulo, eu conseguia ver a situação com mais clareza. Cada vez que eu encontrava o fim de um pensamento e começava a escrevê-lo, era como se o espaguete se transformasse em palavras e linhas na página. A escrita ordenava pensamentos que haviam girado na minha cabeça confusa por anos, solidificando-os em algo tangível — como o Dumbledore, da saga *Harry Potter*, magicamente tirando memórias da minha cabeça e transferindo-as para uma "penseira", a bacia mágica que guardava memórias e pensamentos do bruxo para liberar espaço. Foi um processo de cura proativo e incrivelmente catártico. Quanto mais eu escrevia, mais rápida e urgente a escrita se tornava, como se eu estivesse expurgando toda a experiência da minha mente.

Levei apenas três meses para escrever o primeiro rascunho do livro completo porque eu estava muito determinada a lançá-lo. Depois me senti livre.

Eu tinha dado o primeiro passo e recuperado a minha mente. Essa parte da minha vida, o meu raciocínio, era minha outra vez e eu estava de volta ao controle. Ainda havia um longo caminho para a recuperação total, mas eu estava, naquele momento, mentalmente mais forte e no controle.

No entanto, escrever despertara algumas dúvidas em mim. Por que Will Jordan fez o que fez? Que razões teve para me escolher? E, mais importante, o que me tornou vulnerável a ele? Eu podia entender as suas ações e a realidade da minha situação com mais clareza depois de escrever sobre isso, mas não conseguia entender o "como" ou o "porquê".

Sempre acreditei na responsabilidade pessoal — um conceito simples de olhar para qualquer situação da perspectiva das próprias ações. Em outras palavras, não podemos mudar o passado, mas podemos aprender com ele; também não podemos mudar outras pessoas, mas podemos mudar nós mesmos e, assim, afetar a forma como os outros ao redor agem. Ser pessoalmente responsável significa escolher a capacidade de responder a qualquer situação com base nas próprias ações. Mas isso significava olhar para as *minhas* ações e analisar o que *eu* tinha feito (ou não) que fez com que isso acontecesse comigo. O que havia em mim que mostrava a Will Jordan que eu era um alvo? Como fiquei tão impressionada com o seu charme a tal ponto que as minhas defesas naturais não foram despertadas, e me apaixonei profundamente, deixando-o entrar na minha cabeça? O que eu poderia aprender para garantir que nunca seria vitimada por alguém como ele de novo?

Eu não queria apenas contar a minha história, queria entender por que ela sequer tinha acontecido. Então, ao mesmo tempo em que escrevia *The Bigamist*, comecei a pesquisar sobre pessoas como ele. E o que descobri foi fascinante!

casei com um

PSICOPATA
Mary Turner Thomson

TERMOS APROPRIADOS

No início, foi difícil descobrir mais sobre pessoas como Will Jordan porque eu não tinha a linguagem para saber quais perguntas fazer. Não tinha quase nada online sobre bigamia além da descrição em termos legais. Pesquisava termos como "mentiroso" e "fraude", mas nada se aproximava da situação em que eu estivera. Então pesquisei sobre manipulação e abuso em relacionamentos e me deparei com um site sobre fraudes amorosas, o *LoveFraud,* criado e administrado por Donna Anderson. Foi uma revelação. De repente, havia toda uma comunidade de pessoas que viveram algo semelhante. Lá estava um site dedicado a recuperar e compartilhar histórias como a minha. Li um artigo após o outro sobre pessoas sendo vitimadas por predadores sem emoção e tudo pareceu muito familiar. Devorei o site hora após hora, absorvendo todas as informações como uma criança faminta recebendo a primeira refeição. De repente, eu não estava mais sozinha, e a primeira peça do quebra-cabeça se encaixou.

Donna fora vítima de um sociopata e começara o site em 2005 para ajudar a proteger outros de serem explorados da mesma forma. Escrevi contando o que havia acontecido comigo e Donna foi incrivelmente acolhedora. Eu tinha encontrado uma comunidade de pessoas que realmente entendiam o que eu tinha passado porque elas viveram algo similar. Agora eu tinha um nome para o que ele era — um sociopata. Isso me deu o ponto de partida de que precisava para descobrir mais.

À medida que me aprofundei na pesquisa, descobri que sociopatas e psicopatas são em essência a mesma coisa, mas com uma diferença crucial. Os psicopatas nascem assim e os sociopatas são construídos.

Pelo que entendi a partir das pesquisas que li, um psicopata nasce sem qualquer reação química de empatia e, portanto, não tem emoção ou capacidade de amar. Basicamente, se eu quebrar o meu dedo de forma deliberada na sua frente com um "estalo" barulhento é provável que você estremecesse, que contraísse os olhos, que abaixasse ou movesse a cabeça, respirando fundo. Isso ocorre porque as pessoas empáticas têm uma reação química de empatia à dor de outras pessoas. Ela estimula partes do cérebro que nos fazem "sentir" a dor dos outros na nossa própria mente, como uma agulha quente queimando os nossos cérebros. Os psicopatas nascem sem isso. A falta dessa simples reação química muda tudo: sem empatia significa ser sem amor, sem remorso, sem culpa, sem vergonha. Sem empatia não há conexão emocional com os outros nem restrições internas sobre o que uma pessoa pode fazer com a outra.

Ao contrário de um psicopata, um sociopata pode nascer com a "reação química de empatia", mas, devido ao abuso e à negligência na primeira infância, perde tal condicionamento e, como resultado, cresce sem empatia pelos outros.

Nem "psicopata" nem "sociopata" são títulos oficiais em termos médicos, e não estão listados no Manual Diagnóstico e Estatístico de Transtornos Mentais (*Diagnostic and Statistical Manual of Mental Disorders,* o DSM), que é o livro definitivo sobre o que é e o que não é classificado como transtorno mental na comunidade psiquiátrica internacional. Ambos os termos (assim como narcisismo) vêm na categoria DSM5 de "Transtorno de Personalidade Antissocial". Por não serem termos oficiais, há muitas variações nos artigos de pesquisa sobre os detalhes mais sutis de cada transtorno de personalidade, então essa é apenas uma perspectiva geral e leiga sobre as informações que reuni.

As próprias palavras dizem qual é qual — "Psico" tem a ver com o próprio cérebro/ mente, "Sócio" tem a ver com a sociedade, e "pata" significa uma pessoa doente ou em sofrimento. Segundo os artigos que li, parece que, uma vez que um indivíduo cresce, não é possível distinguir uma condição da outra, então usarei o termo "psicopata" para abranger ambos. Inicialmente pensei que Will Jordan era um sociopata, mas ao longo dos anos as definições mudaram e mais tarde percebi que é mais provável que ele seja um psicopata.

Psicopatas não são doentes mentais — são bastante racionais e no controle, em certo sentido, muito mais do que pessoas neurotípicas ou empáticas. A psicopatia é um transtorno de personalidade caracterizado por comportamento antissocial persistente por alguém com empatia e remorso insuficientes, que demonstra traços ousados, desinibidos e egoístas. Em geral é considerada incurável e intratável porque envolve uma falta de resposta química — algo que pode ser suprimido com remédios, mas não pode ser recriado com medicação ou terapia. De qualquer modo, um psicopata, por definição, não procuraria tratamento mesmo que existisse algum. (Vale notar que, se você já se preocupou sobre a possibilidade de ser um psicopata, isso é prova de que não é — um psicopata nunca se preocuparia com isso.)

Devido à falta de preocupação com qualquer um, as pessoas ao seu redor tornam-se personagens do videogame *The Sims*: servem para ser usadas, manipuladas e descartadas ao seu bel-prazer. Através da repetição desse jogo, eles aprendem técnicas que os ajudam a seduzir as vítimas. Duas das técnicas que comecei a ver mencionadas repetidas vezes em sites que visitei são *love-bombing* e *gaslighting** — ambos métodos tóxicos de controle de pessoas. Ler sobre eles me deu absoluta clareza de que foi isso que Will Jordan fez comigo.

O *love-bombing* começa com elogios, gestos cativantes e demonstrações públicas de afeto, mensagens constantes e íntimas, assim como presentes luxuosos. Falarão sobre serem "almas gêmeas" e irão declarar amor eterno depois de algumas semanas de encontros; em geral parecem estar indo muito rápido no relacionamento, mas o indivíduo-alvo aceita para ver no que isso pode dar. Basicamente, os psicopatas demonstram

---

*   Os dois termos em inglês são comumente usados por especialistas brasileiros; *love-bombing* também é conhecido aqui como "Bombardeio do Amor". [As notas são da tradutora]

um nível de compromisso que é desproporcional ao período que o casal se conhece. Eles vão dar qualquer coisa que alguém possa querer no início de um romance perfeito e o tipo de coisas que são vistas em filmes românticos quando o casal se apaixona perdidamente. Mais importante ainda, será tudo o que mais irá impressionar o alvo e fazê-lo sentir-se emocionalmente conectado.

Como mãe solo com uma perspectiva otimista, o mais viciante no meu caso foi a promessa de um futuro melhor para mim e a minha filha de 1 ano, Robyn. Will Jordan passou um tempo no início do relacionamento procurando saber os meus desejos e objetivos, certificando-se de refleti-los de volta para mim, para mostrar que estar com ele ultrapassaria em muito as minhas expectativas. Ele me encorajou a pensar alto e além da minha zona de conforto, tirando-me do chão ao mesmo tempo que me encorajava a acreditar que esse novo parceiro só tinha as melhores intenções. Tudo isso soa maravilhoso e, de fato, teria sido se não fosse tudo feito para me puxar para o seu controle. É um ato consciente e deliberado por parte de um psicopata. *Love-bombing* não tem nada a ver com amor. É uma tática calculista e insensível, projetada para te fisgar e te manter presa. Eu não estava sendo colocada em um pedestal; estava sendo colada nele.

Mas o *love-bombing* não dura para sempre. Uma vez que o alvo está viciado no relacionamento, o parceiro tóxico mudará gradualmente para *gaslighting* — termo foi cunhado após o filme *À Meia-Luz*, de 1944, que originalmente se chama *Gaslight*, no qual o marido propositalmente faz a esposa pensar que ela está enlouquecendo, a fim de esconder a sua atividade criminosa. A pessoa que tinha sido afetuosa e atenciosa torna-se controladora e, aos poucos, faz o parceiro questionar a própria realidade. Qualquer um é suscetível ao *gaslighting*, e é uma técnica comum de abusadores, ditadores e líderes de cultos. O *gaslighting* é feito lentamente e corresponde à lavagem cerebral da vítima, a ponto de sentir que se está enlouquecendo.

Will Jordan fez isso desde o início — antes mesmo de eu encontrá-lo. Quando começamos a conversar online, ele me enviava longos e-mails sobre o seu passado e sobre a pessoa que era. Trocamos várias mensagens e contei a ele os meus sonhos e desejos, bem como outras coisas muito pessoais. Nós nos escrevíamos três, quatro, cinco vezes por dia e nunca ficávamos sem palavras. Isso se tornou inebriante e, mesmo que eu tentasse manter os pés no chão, estava me deixando levar pelo romance. Depois combinamos de falar por telefone pela primeira vez. Ele pediu o meu número, eu o dei, e Will Jordan disse que ligaria dentro de meia hora. Esperei o telefone tocar. À medida que o tempo passou, entrei em um caleidoscópio de emoções — nervosa por falar com ele pela primeira vez, ansiosa pelo relacionamento em potencial, então confusa sobre a razão de ele não ter ligado. Fiquei com raiva, então me senti uma boba, achando que talvez não tivesse entendido o que ele quis dizer. Chequei o seu e-mail para ver o que ele dissera sobre ligar e verifiquei a minha mensagem para ver se eu dera o número errado. Tudo estava muito claro. O número estava correto e a hora, combinada. Além do mais, ele tinha ficado incrivelmente entusiasmado com a ligação. Mandei um e-mail para ele perguntando o que tinha acontecido, mas não recebi nenhuma resposta — ao passo que ele normalmente respondia quase de imediato. Fiquei preocupada, achando que ele tinha sofrido um acidente, me perguntei se tudo tinha sido uma piada para ele e até questionei se eu tinha imaginado tudo aquilo!

A verdade é que ele havia armado tudo para que eu passasse por essa gama de emoções. Era *gaslighting*. Quando ele entrou em contato dois dias depois com uma desculpa sobre ir à Espanha a trabalho, lhe disse para cair fora. Então o *love-bombing* começou de novo e aos poucos fui sugada de volta.

Mesmo enquanto aprendia tudo isso, achava difícil de compreender. Eu realmente podia ter estado nas garras de um psicopata? O meu entendimento da condição era puramente de assassinos a sangue-frio como Ted Bundy, Jeffrey Dahmer e John Wayne Gacy, ou filmes como *O Silêncio dos Inocentes*. Com certeza essas pessoas eram muito raras.

Durante a minha pesquisa, encontrei o dr. Robert Hare, um psicólogo canadense conhecido pelo trabalho na área da psicologia criminal e considerado um dos maiores especialistas mundiais em psicopatia. Li o seu livro *Sem Consciência: O Mundo Perturbador dos Psicopatas que Vivem Entre Nós*, que continha esta descrição:

Os indivíduos com este transtorno de personalidade estão totalmente cientes das consequências de suas ações e sabem a diferença entre o certo e o errado, mas são extremamente egocêntricos, sem remorsos e incapazes de se preocupar com o sentimento dos outros. Talvez o mais assustador seja que muitas vezes eles parecem completamente normais para alvos desavisados — e nem sempre sua marca é o assassinato.

Comecei a ler tudo o que podia sobre psicopatas e, quanto mais lia, mais familiar o diagnóstico se tornava; mas eu ainda não conseguia aceitar que o homem que acariciara o meu cabelo com tanta ternura e olhara nos meus olhos enquanto declarava eterna devoção podia de fato ser tão frio. Esse era o pai dos meus dois filhos mais novos, o homem que eu acreditava ser a minha alma gêmea, o meu amor, amigo e marido. Foi uma enorme virada aceitar que nada disso tinha sido real.

Então descobri a lista de verificação de psicopatia do dr. Hare, chamada de "Psychopaty Checklist Revised" (PCL-R) — um teste reconhecido mundialmente e usado em instituições psiquiátricas para definir se alguém é ou não um "psicopata". Também é usado para determinar o risco previsto para reincidência criminal e probabilidade de reabilitação. Foi a informação que mudou tudo para mim.

O dr. Hare criou o teste na década de 1970, desenvolvendo o trabalho prévio de pesquisa feito por Hervey Cleckley (autor de *The Mask of Sanity*) na década de 1940.

O teste PCL-R é uma ferramenta de avaliação psicológica e deve apenas ser administrado por um profissional de saúde qualificado sob condições padronizadas cientificamente controladas e licenciadas. No entanto, ler o teste foi como examinar uma lista de verificação dos últimos seis anos da minha vida e outra peça do quebra-cabeça se encaixou com um estalo retumbante.

casei com um
PSICOPATA
Mary Turner Thomson

TESTE DE PSICOPATIA

As perguntas no PCL-R são avaliadas em uma estrutura de três pontos: 0 (para nem um pouco), 1 (para um pouco) e 2 (para definitivamente). É possível atingir a pontuação máxima de 40 a partir das 20 afirmações. Qualquer coisa acima de 25 no Reino Unido e 30 nos Estados Unidos classifica a pessoa testada como "psicopata" (embora esse parâmetro mude dependendo da fonte). Qualquer um que chegar perto dos 40 pode ser classificado como "altamente psicopata"; isso é bastante raro, pois é preciso apresentar todas as qualidades principais em vinte áreas de funcionamento. Se eu tivesse feito alguma dessas perguntas sobre Will Jordan quando o conheci, ele teria tirado zero, porque eu não sabia a verdade. Mas agora eu tinha uma compreensão muito melhor da situação, então analisei a lista ponto por ponto e isto foi o que encontrei.

Charme superficial e lábia
Lembrei a primeira vez que conheci Will Jordan no seu luxuoso escritório em Edimburgo — a maneira fácil com que caminhou na minha direção, os olhos brilhando, a mão estendida e o seu enorme e caloroso sorriso. Ele nunca pareceu arrogante ou impetuoso, apenas tranquilamente charmoso, sempre. Toda vez que o apresentei a amigos ou familiares, acharam-no interessante e inteligente — com frequência havia algo que não conseguiam identificar muito bem, mas ele aparentava ser inofensivo.

A definição de ter "lábia" é ser "fluente, mas desonesto e superficial". Pensei nos primeiros e-mails que Will Jordan me enviou — antes de nos encontrarmos. Como parecia estar abrindo-se para mim e revelando inseguranças sobre ser infértil devido a um surto de caxumba na infância. Era a sua "bagagem", como disse ele, mas estava lidando com isso. Falou longa e facilmente sobre aceitar a incapacidade de ter filhos e também sobre ter focado de forma intensa na própria carreira por causa disso. E era bom ter um homem falando comigo tão abertamente sobre os seus sentimentos. A infertilidade o tornava um partido ainda melhor para mim porque eu já tinha uma filha e queria que Robyn tivesse uma figura paterna na sua vida — alguém que a amasse de verdade como se fosse a sua filha. Tudo isso foi fácil, e tudo foi totalmente desonesto. Mentiras descaradas, na verdade. Enquanto ele estava escrevendo aquele primeiro e-mail sobre ser infértil, não só já tinha pelo menos seis filhos, mas tanto a sua esposa quanto a babá estavam grávidas dele na época.

Pontuação: 2

Autoestima grandiosa

A primeira coisa que me veio à mente em relação à grandiosidade foi a vez em que Will Jordan e eu entramos em um hotel e subimos para o balcão de recepção para fazer o check-in. A recepcionista se referiu a ele como "dr. Jordan", ao que ele respondeu: "Pode me chamar de senhor".

Fiquei surpresa e um tanto confusa — estava casada com ele havia mais de um ano e isso nunca tinha sido mencionado antes. No elevador, subindo para o quarto, perguntei sobre isso. Ele não queria falar sobre o assunto, mas não desisti e, enfim, ele explicou que tinha feito um doutorado em tecnologia da informação no início da década de 1990 no mundo emergente da computação. Não usava o título porque o campo mudara tão rápido desde então que o seu conhecimento tinha sido ultrapassado em muito por outras pessoas com títulos menores. Ele explicou que um administrador tinha reservado o quarto de hotel, por isso usara o título oficial por engano.

Em retrospecto, posso ver que toda a situação foi armada — apenas para que pudéssemos ter essa conversa. Ele aparentava ser mais humilde do que arrogante, mas de vez em quando demonstrava de forma sutil uma ideia grandiosa de si mesmo. Por exemplo, ele disse que era faixa preta em caratê e demonstrou alguns chutes. Inclusive me contou que a sua mãe tinha tentado fazê-lo participar de um filme de artes marciais quando ele tinha 18 anos e ela ainda tinha o vídeo do "teste" — ela se ofereceu para enviá-los para mim por e-mail, mas nunca os recebi. Na verdade, suspeito que os e-mails que recebi dela eram, na verdade, apenas Will Jordan fingindo ser a sua mãe.

Pontuação: 2

Necessidade de estímulos
(com tendência ao tédio)

Ao ler sobre psicopatas que precisam de estímulos e são propensos ao tédio, pensei no dia em que, nas férias, encontrei um anel de casamento colocado sobre a cama perfeitamente arrumada. Não era meu, nem era o que eu tinha dado a ele. Will Jordan tinha saído mais cedo para ir a uma reunião e voltaria naquela noite. As coisas estavam dando certo para nós como uma família e, pela primeira vez, tudo parecia calmo e em ordem. Então esse anel apareceu, e isso me levou a olhar dentro da pasta que Will Jordan tinha esquecido — algo que ele nunca fazia! Senti como se estivesse traindo a sua confiança, mas a aliança na cama havia alimentado um desejo insaciável de saber mais. Quando abri a bolsa, encontrei passaportes de crianças e uma certidão de casamento de Will Jordan com outra mulher datada de 1992 — dez anos antes do meu casamento com ele. Imediatamente liguei para ele e, ao voltar para casa, Will Jordan explicou que essa era toda a sua história de fachada, a certidão era falsa e as crianças não se pareciam em nada com ele — ele explicou que não eram nem remotamente inter-raciais.

Percebo agora que todo o incidente foi planejado apenas para testar os limites, para levar o jogo a outro nível. Era entediante para ele quando as coisas estavam muito tranquilas. Queria tornar tudo mais emocionante porque apagar incêndios era o que ele gostava. Precisava do estímulo que arriscar tudo criava.

Também me ocorreu que era por isso que ele pulava de emprego em emprego. O seu trabalho com uma grande empresa de software era incrivelmente lucrativo — ele estava ganhando cerca de 10 mil libras por mês —, mas nem mesmo tentava fazer o trabalho pelo qual estava sendo pago. Apenas os cobrava e fazia o serviço de qualquer jeito porque o trabalho simplesmente não era estimulante o suficiente.

Pontuação: 2

Mentira patológica

Desde o primeiro e-mail, Will Jordan mentira para mim sobre o seu estado civil, o seu nome, a sua formação e a sua infertilidade. Ao longo dos anos que estive com ele, mentiu sobre trabalho, renda, relacionamentos, família, ficha criminal, localização e experiências. Me disse que trabalhava para os serviços de inteligência como um especialista em TI. Mentiu sobre me ligar de uma zona de guerra onde crianças estavam mortas na rua, me mostrando fotos dos corpos mutilados. Ele era mentiroso, falso, desleal, sem escrúpulos, manipulador e, sobretudo, desonesto.

Só de pensar no volume e na patologia das suas mentiras eu sentia raiva. Nada do que ele me dissera era verdade; nada tinha sido real.

Pontuação: 2

Astuto e manipulador

Existe uma diferença, aqui, em relação à mentira patológica: ser astuto e manipulador é definido como o uso da dissimulação para trair, enganar ou fraudar os outros para ganho pessoal somado a uma crueldade refletida pela falta de preocupação com as vítimas.

Por que Will Jordan mentiu tanto para mim? Realmente valeu a pena o dinheiro? Ele tinha me feito perder pouco menos de 200 mil libras, mas para alguém com a capacidade de ganhar 10 mil libras por mês isso não parece valer os seis anos que ele investiu para me trapacear. Então, no começo, não conseguia descobrir qual seria o seu "ganho pessoal". Depois percebi que o dinheiro que ele tirou de mim era irrelevante; para ele era apenas uma medida do controle que tinha sobre mim. Tenho certeza de que o dinheiro foi útil para ajudar a arranjar novas vítimas — da mesma forma que eu tinha sido presenteada com vinhos e jantares —, mas na verdade nunca foi sobre o dinheiro.

Ele realmente não precisava do dinheiro que tirou de mim e dos nossos filhos — era apenas um jogo para ele. E, no seu jogo, não importava quanto sofrimento ou ansiedade isso causava a mim ou à minha família.

Pontuação: 2

Falta de remorso ou culpa

Quando Will Jordan descobriu que eu tinha conhecido a sua outra esposa em abril de 2006, ele não mostrou qualquer remorso ou culpa. Mesmo quando o desafiei com a descoberta de que não havia nenhum "desafeto" ameaçando sequestrar e matar os meus filhos, e sabia que ele estava me manipulando e enganando por anos, ele não mostrou um vislumbre de vergonha. De fato, Will Jordan passou muito tempo tentando me puxar de volta para a sua órbita — ele me ligava regularmente pedindo para deixá-lo me visitar e explicar, mas nunca cedi, apenas deixava-o falar ao telefone. Ele nunca se desculpou nem assumiu a responsabilidade pelas próprias ações, mas continuou a dizer que "nem tudo era como parecia" e tudo seria explicado no seu tempo. Apesar de eu ter conhecido a sua esposa legítima, ele ainda me pediu para acreditar nele. Desta vez, porém, não estava funcionando. O feitiço sobre mim fora quebrado. Continuei conversando com ele durante aqueles primeiros meses depois que terminei o relacionamento para tentar reunir o máximo de informações que pudesse. Somente uma vez tive a sensação de que Will Jordan tinha me respondido com sinceridade.

Um dia, apenas um mês depois de eu ter descoberto a verdade, ele me ligou do carro. Estava dirigindo para algum lugar, mas parecia bastante bêbado. Disse que sentia muito e que eu merecia coisa melhor, mas não foi um pedido de desculpas de coração, foi leviano e superficial. Perguntei outra vez porque ele fez o que fez comigo. Ele respondeu: "Ah, Mary, eu sou um canalha, já não sabe disso agora?".

Pontuação: 2

Afeto superficial

O afeto superficial é uma redução significativa nas respostas emocionais apropriadas a situações e eventos. Foi com dor que me lembrei do nascimento dos meus filhos e de como ele reagiu aos acontecimentos que deveriam ter sido o ponto alto na vida de um pai. Um momento de pura alegria e admiração, mas no caso dele ambas as ocasiões não importaram. Durante as duas gestações, Will Jordan me disse que estaria lá para o nascimento, que nada o afastaria. Comentou que eram "bebês milagrosos", já que ele acreditara ser infértil por toda a vida adulta. Quando entrei em trabalho de parto, mandei uma mensagem para ele e recebi inúmeras respostas empolgadas dizendo que estava a caminho, que estava perto, que estava quase chegando! Enquanto eu estava dando à luz, também vigiava a porta, esperando que o meu marido entrasse a qualquer momento. Mas em ambas as ocasiões ele simplesmente não apareceu. Dias depois ele disse que estava prestes a voltar para casa, mas que circunstâncias além do seu controle (relacionadas com o emprego nos serviços de inteligência) mantiveram-no afastado.

Depois que conheci a sua esposa legítima, comparamos datas, e, durante o tempo que eu estava em trabalho de parto, ele estava com ela e os filhos. Ele não tinha ficado, de forma alguma, estressado ou preocupado. Estava apenas me torturando psicologicamente para o próprio entretenimento.

Pontuação: 2

Insensibilidade e falta de empatia

Insensibilidade e falta de empatia são descritas como uma falta de sentimento em relação às pessoas em geral: ser frio, desdenhoso, imprudente e sem tato. Ler essa lista trouxe à tona todos os tipos de emoções e pensamentos para mim. Como tirar uma casquinha que a gente acha que está quase curada, apenas para encontrar uma infecção virulenta por baixo. Acho que foi a consciência da total falta de empatia dele que mais me atingiu. Um episódio vem à mente com uma compreensão e uma raiva que existe até hoje. Will Jordan me disse que tinha voltado para casa por alguns dias e estava no seu escritório na George Street em Edimburgo, então perguntou se eu poderia ir buscá-lo. Coloquei Robyn, de 3 anos, no assento e a bebê Eilidh na cadeirinha e dirigi até lá. Mandei uma mensagem para ele quando cheguei para dizer que estávamos lá e ele respondeu de imediato, dizendo que estava terminando umas coisas e iria descer em alguns minutos. Esperei. Dez minutos depois, mandei outra mensagem e perguntei por que estava demorando tanto. Ele de novo respondeu logo e falou que agora estava descendo. Esperei. Robyn e eu ficamos olhando os prédios para tentar adivinhar por qual porta ele sairia. Dez minutos depois, mandei outra mensagem perguntando onde ele estava e recebi a resposta de que estava vindo, pedindo desculpas pelo atraso. Robyn e eu começamos a cantar juntas. Mais dez minutos e tentei ligar. Recebi uma mensagem dizendo que um colega o havia parado na escada e ele só tinha que fazer uma coisa rápida antes. Felizmente Eilidh dormia, mas eu estava ficando sem músicas para cantar com Robyn. Mandei uma mensagem de novo quinze minutos mais tarde, já bastante irritada, e recebi outro pedido de desculpas e que ele diria aos colegas que tinha que ir. Mais dez minutos se passaram e outra mensagem. Apenas silêncio. Robyn estava ficando irritada e com fome. E não era só ela. Tentei ligar, mas não obtive resposta e, em seguida, mandei uma mensagem novamente para dizer que estava indo embora. Recebi outra resposta rápida dizendo que ele terminara e já estava na porta. Então tudo ficou quieto de novo e não recebi mais respostas. Quando finalmente saí, eu tinha ficado ali com duas filhas pequenas por duas horas.

Descobri, ao conversar com a sua outra esposa, que Will Jordan não estava sequer em Edimburgo naquele dia. Estava com ela, fazendo um passeio agradável e relaxante com a família. Ele só queria ver quanto tempo conseguia me fazer esperar.

Will Jordan não era apenas insensível e sem empatia. Estava ativamente e sadicamente desviando-se do seu caminho para piorar a minha situação, apenas para divertimento próprio.

Pontuação: 2

Estilo de vida parasita

Tudo que Will Jordan faz é parasitário. Ele me manipulou de forma intencional e insensível e me explorou financeiramente, tirando cada centavo que eu tinha e alguns que também não tinha. Ele me convenceu de que os nossos filhos corriam perigo porque chantagistas iam sequestrá-los e arrancar pedaços dos meus bebês para mandar pelo correio se nós não aparecêssemos com o dinheiro. Me encorajou a vender o meu apartamento para arrecadar fundos, depois vender a minha apólice de seguro de vida, depois pedir dinheiro emprestado da minha família. Enquanto isso, ele fez cartões de crédito no meu nome e fez dívidas de cerca de 56 mil libras.

Pontuação: 2

Fraco controle comportamental

Will Jordan ficou com raiva de mim apenas uma vez — quando eu disse à polícia que o meu marido estava dirigindo o meu carro. Mas, ao a falar com outras vítimas, me contaram sobre várias ocasiões em que ele "perdeu o controle". Alice Kean teve 4,5 mil libras roubadas por Will Jordan, o homem que ela pensava ser o seu noivo em 2005. Ela, de início, montou uma armação policial para pegá-lo no flagra quando ele usou o cartão de crédito dela para pagar o conserto do carro e isto desencadeou a sua captura e exposição. Alice contou-me de uma época em que ele dirigia de Londres até a casa dela — uma viagem de várias horas — batendo no volante, furioso, e recusando-se a falar com ela, embora os dois não tivessem tido nenhuma discussão. Outra vítima me contou como Will Jordan perdeu o controle e jogou-a contra a parede, agarrando-a pela garganta enquanto gritava com ela.

Pontuação: 2

Promiscuidade sexual

O próprio fato da sua esposa e babá terem engravidado dele quando Will Jordan começou a transar comigo é uma evidência de que ele era sexualmente promíscuo. No entanto, quanto mais eu pesquisava o seu passado, mais vítimas encontrava. Logo de cara, descobri que em 2005 ele tinha duas esposas e cinco noivas, mas, ao longo dos anos em que esteve no Reino Unido, houve muitas mulheres que lhe deram filhos e mulheres que engravidaram dele e abortaram, com a maioria dos relacionamentos se sobrepondo. Depois de descobrir a verdade, liguei para números que eu não reconhecia na sua conta de telefone e verifiquei compras de cartões de crédito, encontrando flores que foram enviadas e que nenhuma das vítimas conhecidas tinha recebido, bem como hotéis que, ao serem questionados, me contaram que ele ficara em um quarto de casal com uma mulher que não se parecia com nenhuma das vítimas que eu conhecia. Então as mulheres sobre quem fiquei sabendo provavelmente são a ponta de um iceberg muito maior: não tenho ideia de como ele conseguiu administrar tudo isso.

Pontuação: 2

Problemas de comportamento na infância

Consegui rastrear o filho mais velho (que eu saiba) de Will Jordan, a quem chamei de George em *The Bigamist*. O menino me apresentou à sua mãe, que tinha sido a namorada de infância de Will Jordan e conhecia muito bem o seu histórico familiar. Ela me disse que, mesmo na pré-adolescência, ele tinha sido acusado de abusar sexualmente de uma garota mais jovem que ele.

Pontuação: 2

Falta de metas realistas a longo prazo

Isso é caracterizado por uma incapacidade ou falha persistente em desenvolver e executar planos e metas a longo prazo, resultando em uma existência nômade e sem objetivo, bem como falta de direção na vida.

Pensei sobre o que Will Jordan estava tentando alcançar na vida — as mulheres e as empresas que ele estava manipulando e roubando, as constantes mentiras e jogos que fazia com a vida das pessoas. Era tudo uma questão de viver o momento e nada estava sendo construído para um futuro com alguém — nem mesmo com os seus filhos. Em vez disso, ele vai de uma mulher para outra, uma família para a próxima, tendo filhos e criando um jogo sem propósito cujas regras só ele conhece — se é que existem. Will Jordan costumava me falar sobre o nosso futuro. Costumava me seduzir com a promessa constante de que as coisas estavam prestes a melhorar. Usou o nosso futuro juntos como um incentivo para me encorajar a seguir em frente, mas, como todo o resto, os planos eram apenas mentiras e nada nunca se concretizou. Devia ser óbvio que ele seria pego um dia, mas não parecia ter nenhum plano B preparado. Tratava-se apenas de viver o momento e improvisar — suponho que isso era mais estimulante para ele.

Pontuação: 2

Impulsividade

Tive que pesquisar o que significava impulsividade, e li que é a ocorrência de comportamentos que não são premeditados e carecem de reflexão ou planejamento; uma falta de deliberação; a ação sem considerar as consequências; uma incapacidade de resistir a tentações, frustrações ou impulsos; comportamento imprudente, precipitado, imprevisível, errático e inconsequente.

Tudo que Will Jordan faz parece ser calculado, mas há um elemento de impulsividade nas ações, como quando ele decide "impulsionar" o jogo. Não há pensamento sobre as consequências dessas ações.

Um momento específico veio à mente com relação a quando Will Jordan enfim conheceu a minha irmã, que estava de volta do Japão, nos visitando. Quando o conheci, Will me disse que vivera e trabalhara no Japão por uns dois anos e falava japonês fluentemente, mesmo sabendo que a minha irmã mais velha, Lisa, morava no Japão e era casada com um japonês. Toda vez que a minha irmã estava em casa, Will Jordan era chamado para trabalhar no último minuto. Até um dia em que eles enfim se conheceram, em setembro de 2002, quando Will Jordan e eu estávamos juntos havia quase dois anos.

Lisa era a mais desconfiada de toda a família, pois ainda não o conhecia e suspeitava de Will Jordan ser um personagem do tipo Walter Mitty.* Ela decidiu testar as suas habilidades com o idioma japonês, fa-

---

* Personagem criado pelo escritor americano James Thurber no conto "A Vida Secreta de Walter Mitty", publicado na revista *The New Yorker* em 1939. A fama do personagem transformou seu nome em sinônimo de "sonhador inofensivo" entre os falantes do inglês.

zendo-lhe uma pergunta simples, que exigiria mais do que um "sim" ou "não" como resposta. Lisa e o marido estavam hospedados com a minha mãe durante a estadia na Escócia, então combinamos um almoço para visitá-los. Chegamos e nos sentamos em torno da mesa de jantar da cozinha da minha mãe com a bebê Eilidh, com seis meses de idade, em uma cadeira de refeição. Todos estavam se dando muito bem e então a minha irmã subitamente fez a pergunta dela em japonês.

Ela nunca recebeu uma resposta e, na época, nem percebeu.

A cadeira de refeição extremamente bem projetada e estável em que Eilidh estava sentada tombou para trás! Com os gritos apavorados da bebê, a conversa foi imediatamente esquecida e deu lugar à correria frenética para pegá-la e verificar se estava bem. O processo de examinar a sua cabeça para ver se havia galos e acalmar um bebê gritando durou algum tempo e, sem grande surpresa, Will Jordan foi chamado para trabalhar logo depois.

Na época, pensei que Eilidh devia ter conseguido empurrar a mesa de jantar. Não ocorreu a nenhum de nós, de jeito algum, que Will Jordan tivesse chutado a cadeira de refeição da própria filha simplesmente para evitar responder a uma pergunta e admitir que não sabia dizer mais do que uma ou duas frases em japonês.

Pontuação: 2

Irresponsabilidade

Will Jordan não tinha qualquer senso de dever ou lealdade para com família ou amigos e tinha comportamentos que colocavam outras pessoas em risco. Ele nunca tentou gerenciar as suas finanças e o seu trabalho era inexistente, descuidado ou desleixado. A irresponsabilidade é definida como uma falha repetida em cumprir ou honrar obrigações e compromissos, como não pagar contas, ser inadimplente em empréstimos, trabalhar de forma descuidada, faltar ao trabalho ou se atrasar, ou não honrar acordos contratuais. Existem tantas incidências da irresponsabilidade de Will Jordan que é difícil escolher apenas um exemplo. Ele estava sempre atrasado para o trabalho, nunca pagava as contas, o seu trabalho para uma grande empresa de software e um complexo de cinema era desleixado na melhor das hipóteses (se é que era realizado). Ele falhava em honrar acordos contratuais de qualquer tipo — inclusive um contrato de casamento.

Quanto a empréstimos, ele tinha pedido dinheiro emprestado de quase todas as suas vítimas, começando por Devi, e nunca pagou nada de volta. Na verdade, é muito difícil pensar em qualquer área em que ele *não fosse* irresponsável!

Pontuação: 2

Incapacidade em aceitar responsabilidade pelas próprias ações

Will Jordan sempre encontra desculpas para o seu comportamento — incluindo inventar missões, desastres, mortes e doenças para explicar as suas ações.

Um exemplo vem imediatamente à mente. O homem com quem falei, Malcolm, estava pagando Will Jordan para programar os seus sites e ficou frustrado com o não cumprimento do trabalho. Will Jordan deu a Malcolm desculpa após desculpa do porquê o trabalho não foi concluído, o tempo todo cobrando pagamentos por mais serviços. Quando as desculpas começaram a acabar, Will Jordan admitiu para Malcolm que a sua esposa tinha câncer e não estava lidando com a condição muito bem. Ela tivera um colapso nervoso e "perdera a cabeça", nas palavras dele. Isso estava dificultando muito a sua vida, tomando tempo e atenção, mas ele estava tentando equilibrar a situação e o trabalho da melhor forma. Malcolm ficou tocado pela sua dedicação com a esposa e finalmente entendeu o motivo de todos os atrasos. Will Jordan disse que ela precisava de uma operação em Londres, mas ele não tinha dinheiro para ficar lá; Malcolm emprestou-lhe o dinheiro para alugar um apartamento por uma semana em Knightsbridge. Para o horror de Malcolm, a conta do aluguel chegou e Will Jordan tinha usado o apartamento por duas semanas (para receber Devi e George, então com 16 anos de idade, vindos dos EUA para visitá-lo em Londres). Malcolm tentou de tudo para fazer Will Jordan concluir o trabalho, até mesmo rastreá-lo até a sua casa em Lancashire e esperar em um hotel para Jordan chegar e entregar o trabalho já "feito". Embora Will Jordan tenha prometido, hora a hora, que estava vindo, que estava a caminho, que tinha acabado de pegar o trem, que estava pegando um táxi, ele nunca apareceu. Em vez disso, a sua esposa chegou ao quarto de hotel de Malcolm às 7h da manhã seguinte, exigindo falar com Malcolm e dizendo que sabia que ele era o agente do MI6[**] de Will Jordan. A sra. Jordan estava frenética e desorientada. Malcolm acreditou que ela estava muito confusa e sentiu pena dela, especialmente porque achava que ela estava morrendo de câncer. Isso fez com que ele fosse mais solidário com Will Jordan, já que pôde entender que ele tinha muito com o que lidar, com uma esposa doente e perturbada.

Malcolm assegurou a sra. Jordan de que não era quem ela pensava, e ela saiu, apenas para voltar dez minutos depois e exigir que ele saísse com ela. Ele caminhou pelo estacionamento com ela enquanto a mulher afirmava que *sabia* que ele era o superior de Will Jordan no MI6 e que o seu nome verdadeiro era "Michael". Ela exigiu que ele lhe dissesse o que estava acontecendo. Malcolm novamente apenas tentou manter a calma e tratá-la com delicadeza. Enfim ela foi embora.

Will Jordan não respondeu a mais nenhuma mensagem de Malcolm e nunca apareceu. Malcolm foi embora no dia seguinte, de mãos vazias, mas com uma compaixão mais profunda por tudo que Will Jordan estava passando. Durante todo o tempo em que isso estava acontecendo, Will estava comigo na nossa lua de mel no Castelo Shieldhill.

Pontuação: 2

Muitos relacionamentos conjugais de curto prazo

Este foi um momento "dã". Will Jordan é bígamo e eu já tinha descoberto pelo menos um outro casamento: com Alexis quando ele tinha 23 anos de idade. Ele tinha pelo menos duas esposas em 2005, além de estar noivo de três outras mulheres ao mesmo tempo. A essa altura, o PCL-R parecia um perfil de personalidade projetado especificamente para descrever o próprio Will Jordan.

Pontuação: 2

[**]   *Military Intelligence, Section 6* (Inteligência Militar, Seção 6) é a agência britânica de inteligência que fornece informações estrangeiras ao governo britânico.

Delinquência juvenil

Devi me contou muitas histórias sobre o passado de Will Jordan. Como foi a primeira namorada dele, ela sabia sobre o seu mau comportamento quando criança, incluindo agressão sexual, fraude com cheques e uma fuga para o Canadá aos 18 anos. A delinquência juvenil é definida como problemas comportamentais entre as idades de 13 e 18 anos, o que envolve principalmente crimes ou aspectos claros de antagonismo, exploração, agressão, manipulação ou uma obstinação implacável e insensível.

Devi me contou como ela permitiu que Will Jordan usasse o seu cartão do banco para sacar de 20 a 30 dólares para comida, mas, em vez disso, ele fez um depósito declarando um crédito de 200 dólares e imediatamente sacou o dinheiro no seu cartão, colocando a conta em cheque especial. Ele desrespeitou as regras dos seus pais, escondendo Devi no porão quando ela foi expulsa da casa da sua família e a levou consigo na fuga para o Canadá quando foi solto da prisão por fraude com cheques. Devi nunca descobriu do que ele de fato estava fugindo, mas me disse que, uma vez no Canadá, Will Jordan começou de imediato a enganar as pessoas. Ela também me disse que ele fora preso por se passar por um policial e por portar estrelas ninja (uma arma particularmente agressiva). Devi descobriu que estava grávida e voltou para casa em New Jersey, onde não viu Will Jordan por cinco anos. Tudo isso aconteceu antes de 1983, quando Will Jordan completou 18 anos.

Pontuação: 2

Revogação da liberdade condicional

Um dos crimes de que Will Jordan foi acusado em 2006 foi não registrar o endereço dele nos termos da Lei de Crimes Sexuais. Uma das partes mais difíceis de toda essa situação foi aceitar o fato de que Will Jordan era um pedófilo condenado. Declarou-se culpado em 1997 por crimes sexuais contra uma garota com menos de 13 anos e recebeu uma sentença de quinze meses. Foi liberado após sete meses por bom comportamento. (No Reino Unido, os criminosos cumprem automaticamente metade do tempo concedido e passam o resto "em condicional", limitados a certas condições ou eles voltam para a prisão pelo resto do tempo.) Além disso, a sua condição de liberdade era registrar o seu endereço com as autoridades como criminoso sexual durante dez anos. Então, a acusação de não registrar o endereço era literalmente uma revogação da liberdade condicional.

Pontuação: 2

Versatilidade criminosa

A versatilidade criminosa é definida como uma diversidade de tipos de crime, independentemente de a pessoa ter sido presa ou condenada por eles. Considerando o histórico de que tenho conhecimento, Will Jordan foi condenado por fraude com cheques (EUA), fraude (EUA) e abuso sexual a uma menina com menos de 13 anos (Reino Unido). Também me disseram que ele foi acusado de se passar por um funcionário do governo (Canadá) e portar armas proibidas (portando estrelas ninja no Canadá). Com acréscimos mais recentes, em 2006, de bigamia, fraude, armas de fogo (taser) e não tendo registrado o seu endereço de acordo com a Lei de Crimes Sexuais no Reino Unido, Will Jordan é a própria definição de "criminalmente versátil".

Pontuação: 2

Total

Pelo meu cálculo amador da Lista de Verificação de Psicopatia (Revisada), e pelo que sei intimamente das ações do meu ex, Will Jordan marca com facilidade quarenta pontos de um total de quarenta pontos disponíveis.

A essa altura, não havia dúvidas na minha mente de que ele era um psicopata. De repente, as coisas começaram a fazer sentido e o porquê de ele fazer o que fez comigo ficou bastante nítido.

Saber que Will Jordan é um psicopata mudou tudo para mim. Ficou claro que o seu comportamento não tinha nada a ver comigo e eu não tinha feito nada para merecer o tratamento por ele infligido. Não havia quantidade de amor que eu poderia ter dado que o teria "curado", nenhuma quantidade de carinho ou apoio que o teria feito um homem ou pai melhor. Eu tinha prometido amá-lo "na saúde e na doença" e senti que havia quebrado essa promessa ao deixar o relacionamento. Mas, na verdade, ele não estava "doente", a pessoa que fingiu ser apenas não existia. Eu estava livre dos meus laços de matrimônio e das promessas que fizera sinceramente e de boa fé. Isso significava que eu não precisava me sentir culpada por desistir da relação.

Agora eu sabia o que ele era: um predador, uma máquina sem emoção programada para a autossatisfação completa, literalmente sem empatia por qualquer uma das suas vítimas, incluindo os próprios filhos. Ele não tinha capacidade de amar nem sentia a mais remota pontada de culpa pelo que tinha feito. Nada do homem que eu amava permanecia. Agora eu podia ver que o homem que ele fingira ser era uma ficção, inventada para me fazer amá-lo. Com esse conhecimento, o meu amor evaporou como um sonho, deixando apenas a consciência do monstro que ele de fato era.

casei com um

PSICOPATA
Mary Turner Thomson

QUEBRANDO O SILÊNCIO

Saber que Will Jordan é um psicopata me ajudou a me sentir com os pés no chão de novo. Isso me deu algo em que me concentrar e a linguagem tanto para explicar o que tinha acontecido quanto para pesquisar mais. Fiquei fascinada e comecei a ler tudo o que pude sobre psicopatas, sociopatas e narcisistas. Devorei artigos online e livros escritos por especialistas e vítimas.

Pensei muito sobre como falar com as crianças sobre Will Jordan ser um psicopata. Já tinha tomado a decisão de que eles tinham sido enganados o suficiente e que eu nunca mentiria para eles sobre qualquer coisa. Não importa o que acontecesse, eu seria honesta com eles e com o mundo. Mentiras envenenam vidas e eu não queria isso para mim.

Eu já tinha dito às crianças que o pai delas tinha outra família e que estava em prisão preventiva, aguardando julgamento. Tinha explicado que, quando elas faziam algo errado, eu as mandava sentar nas suas camas e pensar sobre isso, mas era esperado que um adulto já soubesse distinguir o certo do errado. Quando um adulto infringe a lei, é enviado ao tribunal, onde um juiz decide se ele fez algo errado e por quanto tempo enviará o adulto para a prisão — para pensar no que ele fez.

O meu medo era de que as crianças se sentissem culpadas pela ausência de Will Jordan e crescessem pensando que o fato de ele não estar em casa e não ser um pai amoroso tinha algo a ver com elas. Achei importante que elas crescessem entendendo toda a verdade e que não fora culpa delas, de jeito nenhum. Zach ainda tinha apenas 1 ano de idade e era muito novo para entender, então o deixei tirando uma soneca e chamei Robyn e Eilidh para conversar. Expliquei que Will Jordan tinha um transtorno de personalidade, o que significava que ele não tinha empatia e que simplesmente não era capaz de sentir culpa ou arrependimento, nem sentir amor algum por ninguém. Disse que, se o pai delas fosse cego, elas não se sentiriam culpadas por ele não as poder ver — uma ideia simples que elas podiam entender com facilidade. Acrescentei que Will Jordan era incapaz de amar, mesmo os próprios filhos, então elas não deveriam se culpar pelo fato de ele não as amar. Ele apenas não tinha a capacidade de fazer isso.

Robyn e Eilidh pareceram entender e fizeram muitas perguntas, que eu agora era capaz de responder de forma simples e descomplicada. Foi uma conversa bem pouco emotiva e repetida sempre que elas perguntavam outra coisa.

Os meus filhos cresceram confiantes de que sempre lhes direi a verdade, não importa o que aconteça. Eles sabem que eu os respeito o suficiente para fazer isso. Às vezes, isso significa ter que responder a perguntas incômodas ou ficar com vergonha, mas há uma liberdade em sempre dizer a verdade e não há nada que os meus filhos não saibam sobre mim. Não há nada que eu precise temer "vir à luz" no futuro.

Conseguir o contrato de publicação me ajudou muito, não apenas porque significava que eu teria um foco para colocar tudo no papel, mas também porque me dava algo para o qual trabalhar e prazos para cumprir. Era a oferta de uma futura carreira e uma chance de recuperar algum dinheiro, algo de que eu precisava desesperadamente, pois ainda estava com uma incrível dívida de 56 mil libras nos meus cartões de crédito.

Parecia uma quantia intransponível e os cobradores de dívidas me ligavam desde abril de 2006. Eles eram implacáveis. Todos os dias eu recebia ligações de várias pessoas cobrando pagamento. Toda vez eu explicava que tinha sido enganada e não tinha nada para dar. Estava recebendo subsídio por invalidez naquele momento e mal conseguia pagar as contas. Na Escócia, você não pode declarar falência — um dos seus credores tem que colocar você na justiça e a *levar* à falência. Eu lhes pedia que me levassem ao tribunal para que o pesadelo da rodada de ligações diárias parasse, mas sabiam que não adiantava desperdiçar mais dinheiro em um processo judicial, então apenas me diziam que ligariam de novo no dia seguinte.

Foi destruidor. Cada telefonema colocava o dedo na ferida. Era uma situação complicada da qual parecia impossível escapar. Dia após dia, eu tinha que atender as ligações. Parecia não ter fim.

Antes de morrer, a minha mãe descobrira o Contrato Fiduciário Protegido na Escócia, em que você coloca todos os seus ativos em um fundo e então oferece uma pequena porcentagem da dívida (como 15 centavos para cada uma libra) aos credores imediatamente. Como alternativa, eles podem aceitar obter o valor total da dívida paga mensalmente, mas na forma de centavos a cada mês pelos próximos cinquenta anos. O contrato parecia a única opção que eu tinha para sair do buraco financeiro em que estava. No entanto, precisava de algum capital para colocar no fundo para torná-lo atraente o suficiente para que os meus credores aceitassem.

Vender a minha história para o *Daily Mail* em novembro de 2006 não foi um ponto alto da minha vida, mas, devido ao interesse da mídia em torno do julgamento, senti que isso me daria a chance de colocar algum dinheiro no Contrato Fiduciário Protegido. Uma pessoa amiga que era apresentadora de televisão da Sky News me colocou em contato com um jornalista independente confiável chamado Marcello Mega e combinamos de nos encontrarmos no café do Museu Nacional da Escócia em Edimburgo. Eu nem dissera o meu nome no começo porque tinha muito medo de ele simplesmente publicar a história sem a minha permissão. No entanto, Cello revelou-se ótimo. Foi solidário com a minha situação e trabalhamos juntos no esboço da história. Ele também sabia com quem falar e fez um bom negócio com o jornal para mim.

O artigo era muito bom, exceto que o editor adicionou um comentário no final que distorceu todo o sentido de controle coercitivo e *gaslighting*. Ele escreveu: "Se alguma vez existiu uma história para provar o antigo ditado de que o amor é cego, certamente é esta". O jornal também insistiu que eu usasse um vestido para a sessão de fotos, o que simplesmente não tem a ver comigo! Eles de fato trouxeram o vestido e me disseram para usá-lo. Não recusei porque estavam me pagando, mas parecia que eu estava vendendo uma parte de mim com a qual não estava particularmente confortável.

Quando o artigo do *Daily Mail* foi publicado, tive a minha primeira experiência de ataques online. Pessoas comentaram no artigo sobre como eu devia ser uma "desesperada" e quão "pouco atraente" e "carente" eu era. Mais do que tudo, os comentários apontavam o quão "burra" eu devia ser por ter caído nas mentiras de Will Jordan e acreditado que ele me amava, que deveria ser óbvio que ele estava me enganando desde o início. É incrível como as pessoas podem ser cruéis quando conseguem se esconder atrás de um teclado anônimo.

Isso doeu. Me senti julgada e humilhada. Tinha sido vítima de um crime e de um abuso sistemático do meu estado psicológico, emocional e financeiro. Me questionei se deveria ter tornado isso público e a sensação de insegurança e incerteza ameaçou tomar conta de mim outra vez. Parecia que eu era novamente uma vítima. Me perguntei se teria sido melhor não ter falado, se deveria talvez ter ficado em silêncio. Aquelas palavras de novo. Em silêncio. Sem voz, escondida, pequena, insignificante, nada. A primeira regra de qualquer abusador é manter a vítima em silêncio. Certifique-se de que estão isoladas e sozinhas, de que não falam ou articulam (e, portanto, entendem) o que está acontecendo com elas.

Então tive uma revelação. Se os meus filhos mais tarde na vida tivessem um problema como este — se dissessem que foram intimidados, ou se as pessoas tivessem dito coisas desagradáveis sobre eles —, eu teria falado para ficarem em silêncio, para se esconderem e abaixarem a cabeça com vergonha? Com certeza não! Eu queria que os meus filhos soubessem que nunca deveriam sentir vergonha de serem vítimas de um crime e, para isso, eu precisava ser um exemplo.

Então me reergui rapidamente. Os *trolls* estavam cometendo outro tipo de abuso, e eu não ia mais ficar calada.

Percebi que a "culpabilização da vítima" é uma forma de autopreservação. Se essas pessoas podem culpar a vítima, então elas próprias estão salvas. Porque *elas* não serão tão tolas, ou crédulas, pouco atraentes ou simplesmente azaradas. Percebi que, assim como no passado, quando vítimas de estupro eram condenadas ao ostracismo, era preciso alguém se colocar e falar sobre isso para mudar a visão da sociedade. Alguém tinha que se posicionar e ser considerado, começar a discussão e mostrar que *nunca* é culpa da vítima. Ninguém *jamais* deveria sentir vergonha de ter sido vítima de um crime. Um daqueles "alguéns" seria eu.

E assim os *trolls* impulsionaram o meu compromisso de falar publicamente sobre o assunto e ajudar outras vítimas a saber que também podiam falar.

Depois que terminou o meu subsídio por invalidez, eu tinha uma renda de cerca de 90 libras por semana, mas recebia ajuda do governo com o aluguel também. Então tive tempo para me recompor e me recuperar. Não era uma existência glamorosa, mas eu conseguia pagar as contas e já era muito boa em sobreviver com um rendimento baixo desde o final do meu relacionamento com Will Jordan.

Depois que levaram o meu carro, comecei a andar de bicicleta para todos os lugares. Eu tinha uma cadeira de criança na frente da bicicleta, onde se sentava o meu filho de 1 ano, Zach, e havia um anexo na parte de trás para Eilidh, de 4 anos. A minha filha de 7 anos, Robyn, andava de bicicleta ao meu lado. Além disso, todos nós tínhamos capacetes de ciclismo divertidos — o meu tinha uma capa com espinhos de dragão e uma cauda pendurada. Resumindo, parecíamos um circo itinerante quando saíamos de casa. As pessoas costumavam sorrir e acenar para nós, o que as crianças amavam.

Na época, eu não sabia o que o futuro reservava, mas sabia que, qualquer trabalho que eu acabasse fazendo, a prioridade era estar disponível para as crianças. Elas só tinham um dos pais e eu não trabalharia em tempo integral para pagar pelo círculo vicioso de creches para que eu pudesse trabalhar. Com uma filha já na escola primária e outra prestes a começar, eu teria que pensar em um trabalho que me permitisse ser presente na vida delas — deixá-las e pegá-las na escola, assim como estar presente nos feriados. Não era um problema fácil de resolver e percebi rapidamente que a única opção real era ser autônoma. Mas fazendo o quê?

Eu não queria voltar a ser consultora de negócios ou marketing — não achava que conseguia encarar dizer às pessoas o que elas deveriam fazer, especialmente depois de ter tornado público o meu próprio mau julgamento ao ser enganada por um golpista. Eu gostava de certos aspectos desse trabalho, em particular os cursos de treinamento que ministrei e as oficinas que dei, mas sem dúvida não me sentia pronta para voltar a oferecer treinamento empresarial.

Em novembro de 2006, recebi 5 mil libras pelo artigo do *Daily Mail*, quantia que foi toda colocada no Contrato Fiduciário Protegido; era um começo, pelo menos. No final de 2006, consegui arrecadar um total de quase 8 mil libras e todos os credores do Contrato Fiduciário Protegido aceitaram os termos. Foi revoltante arranjar ainda mais dinheiro para pagar o que eram essencialmente as dívidas de Will Jordan, mas pelo menos isso era o fim de tudo e eu estava finalmente livre de dívidas.

casei com um
PSICOPATA
Mary Turner Thomson

CONDENAÇÃO

Meu marido bígamo foi acusado em 22 de novembro de 2006 e, 28 dias depois, em 21 de dezembro, foi condenado a cinco anos de prisão por bigamia, fraude, porte de arma de fogo e não registro de seu endereço sob a Lei de Crimes Sexuais. Senti como se estivesse segurando a respiração durante o julgamento e a sentença e soltei um suspiro de alívio quando o juiz a proferiu. Foi muito importante para mim o fato de o tribunal reconhecer o que ele havia feito como um crime. E a declaração do juiz Thomas Corrie foi ainda mais significativa para a minha recuperação, porque explicava o que Will Jordan tinha feito em termos inequívocos.

Senhor Jordan, você é um golpista de 41 anos, um pedófilo condenado, um bígamo e um explorador inveterado de mulheres vulneráveis. Você tem pouca ou nenhuma consideração pelos sentimentos delas apesar de uma expressão tardia de remorso. Você causou dano emocional significativo a três mulheres e perdas financeiras para pelo menos uma — Alice Kean.

Li as declarações de impacto da vítima tanto de Alice Kean quanto de sua esposa bígama Mary Turner Thomson, que está presente no tribunal. Você deve ser sentenciado a respeito da fraude de Alice Kean pelo uso indevido de seu cartão de crédito e também por duas acusações separadas por não registrar seu endereço. É evidente que dá pouca atenção a esse pormenor jurídico.

Além disso, um taser foi encontrado no carro, um carro pelo qual você não poderia pagar sem enganar outras pessoas.

Você se declarou inocente em 7 de julho de 2006 nas acusações 1 a 5, todos crimes de fraude, mas se declarou culpado por bigamia. Também se declarou culpado pelo porte de arma proibida e por uma das duas acusações por não registrar seu endereço sob a Lei de Crimes Sexuais.

A situação, em suma, é que você obteve a confiança e o amor de Alice Kean, e tirou 4,5 mil libras dela, fraudando-a, fazendo várias garantias falsas quanto a pagá-la de volta e afirmando que queria casar com ela. Você abusou do cartão de crédito dela, o que corresponde às acusações 2 a 5. A arma de choque não merece nenhum comentário adicional. Os crimes sexuais mostram que você não se preocupa em manter as autoridades informadas. Não aceito que você não saiba por quanto tempo precisava registrar-se.

Esclareço que li e levei em consideração todos os documentos, acusações e declarações de impacto das vítimas, que demonstram mulheres emocionalmente devastadas. O caminho para a recuperação de ambas as mulheres será difícil.

Em relação ao relatório pré-sentença que declara a probabilidade de reincidência como "baixa a média", simplesmente não concordo. Olhando para a facilidade da desonestidade, acho difícil de acreditar que o risco de reincidência é... "baixo".

O juiz, então, dirigiu-se ao tribunal a respeito da sentença.

Pelas acusações de fraude, declaro 21 meses. Pela bigamia, nenhum dos casos anteriores foi de particular assistência, à parte da sentença de prisão imediata. Este caso de bigamia é sério e o seu efeito é substancial, o que exige a devida condenação. Portanto, eu o sentencio a 21 meses, somando 42 meses até agora.

Pelo taser, a sentença é de nove meses, somando 51 meses no total. Para as duas acusações de não registrar o endereço, acredito ser de máxima importância e de grande preocupação pública que as autoridades sejam informadas. Portanto, dou três meses e seis meses, totalizando nove meses consecutivos, trazendo a pena a um total de sessenta meses, ou cinco anos. O crédito será concedido pelos 105 dias já cumpridos em prisão preventiva.

O promotor público ficou contente com o resultado, pois não tinha certeza se Will Jordan seria sequer preso. Isso dependia de o juiz entender a extensão do que ele havia feito. A defesa de Will Jordan para a bigamia era que ele casara comigo porque eu estava grávida e ele não sabia mais o que fazer. A sua defesa para fraude era que Alice tinha lhe dado todo o dinheiro, mas, ao descobrir que ele era casado, decidira se vingar fazendo com que fosse preso. O estratagema para contornar o fato de que não tinha se registrado como agressor sexual seria que fora um erro e ele não sabia que ainda deveria se registrar. E a desculpa para o taser era de ser americano e saber que armas eram proibidas no Reino Unido, mas não saber que havia problema em portar tasers. Will Jordan queria quebrar as acusações em pedaços menores para tornar os crimes cometidos mais razoáveis — ele teria parecido um tolo e um canalha, mas teria vencido o sistema. Foi a minha declaração de impacto da vítima que mudou tudo.

Eu me levantei e insisti em fazer essa declaração, o que mostrou ao juiz como todos os crimes de Will Jordan estavam conectados, como tudo fazia parte do seu jogo psicopata de manipulação.

Saber que ele estaria atrás das grades por alguns anos era reconfortante. Eu estava quase terminando de escrever o segundo rascunho do livro e estava determinada a não ser mais vítima dele (ou de qualquer pessoa). Queria enfrentá-lo, assim como queria me defender — e ali estava um juiz lutando comigo e a sensação de reconhecimento era imensa.

Quando saí do julgamento, uma mulher chamada Helen aproximou-se de mim. Era outra vítima de Will Jordan, mas não o vira desde que estava de oito meses grávida dele. Ela conseguira o telefone dos pais dele e ligara para contar sobre o seu comportamento, mas eles apenas a dispensaram e pareceram não mostrar nenhum interesse pelo futuro neto. Quando Helen confrontou Will Jordan sobre as suas mentiras, ele deu de ombros e foi embora, para nunca mais ser visto até o dia em que foi sentenciado. Ela vira a história no *Daily Mail* e decidira testemunhar o julgamento por si mesma. Outra irmã de alma tinha me encontrado.

Quando conheci William Allen Jordan, em 2000, a internet estava apenas começando e não havia informações online sobre ele. Não havia possibilidade, na época, para pesquisar imagens e as ferramentas básicas de busca me traziam qualquer coisa sobre um esportista chamado Jordan, ou o país Jordânia, no Oriente Médio. Embora eu tenha tentado tomar cuidado e pesquisar um pouco quando nos conhecemos, não havia nada disponível sobre ele. Eu estava determinada a fazer com que, quando a próxima vítima começasse a pesquisar quem ele era, todas as informações estivessem ali para que fosse possível fazer um bom julgamento.

casei com um
PSICOPATA
Mary Turner Thomson

DESENLACES

Quatro dias após a sentença, celebramos o Natal pela primeira vez sem a minha mãe. Estar sem ela foi de partir o coração, mas tentei deixar o dia o mais alegre possível para as crianças. Passamos um tempo com o meu pai, que estava lidando com a situação o melhor que podia, e, como de costume, encontrei os meus irmãos e sobrinhos.

Finalmente, 2006 estava terminando. Tanta coisa acontecera naquele ano que era bom vê-lo acabar. Enfim, Will Jordan fora sentenciado e preso, e meus problemas financeiros estavam sendo resolvidos.

Durante todo o ano, eu tinha conversado com vários advogados para perguntar o que deveria fazer sobre o meu casamento bígamo e como me livrar dele. Um sugeriu que eu precisaria me divorciar, o que seria caro. Outro sugeriu que eu poderia anulá-lo, mas não tinha certeza de como fazer isso. Ninguém deu uma resposta definitiva e vários me aconselharam a esperar até que o julgamento acabasse. (Para ser justa, só houve dez casos de bigamia no Reino Unido no ano anterior, o que gerava a demanda de conhecimento jurídico especializado.)

Eu não queria ter mais nada a ver com Will Jordan e sem dúvida não queria ser chamada de "sra. Jordan", nem queria que os meus filhos fossem lembrados da conexão com ele toda vez que chamassem o nome deles em sala de aula. Então entrei em contato com o cartório em 31 de dezembro e disse que queria mudar os nomes dos meus filhos.

No início, a mulher do cartório foi cautelosa. Perguntou se eu era casada, porque o meu marido teria direitos sobre os nomes dos filhos também. Expliquei brevemente que tinha me casado, mas ele tinha acabado de ser condenado por bigamia. Que eu não tinha ideia de como deveria me libertar do casamento, mas que ele com certeza havia perdido todos os direitos sobre as crianças. A mulher ficou chocada e me perguntou onde ele havia sido condenado, e eu disse que fora no Tribunal da Coroa de Oxford. Ela me agradeceu e perguntou se poderia me ligar mais tarde. Fiquei um tanto surpresa, mas concordei.

Menos de cinco minutos depois, a atendente me ligou.

"Está resolvido", disse ela.

"O quê?", perguntei, um pouco confusa.

"Você nunca foi casada. Ainda é solteira. Liguei para o Tribunal e eles enviaram por fax a condenação por bigamia, que agora está anexada à sua certidão de casamento original. Legalmente, você nunca foi casada. Portanto, não precisa obter a permissão dele para mudar os nomes das crianças."

"Sério?", perguntei, atordoada, enquanto pensava no número de reuniões e ligações que eu havia feito tentando resolver isso. "É simples assim?"

A mulher continuou a explicar que a lei sobre a alteração de nomes iria mudar em 1º de janeiro de 2007 e que não seria mais necessário usar um nome novo por dois anos antes de poder mudá-lo legalmente. Isso significava que todos nós poderíamos mudar os nossos nomes imediatamente, e que Zach — que tinha apenas dezenove meses de idade — seria a pessoa mais jovem a mudar de nome na Escócia naquela época.

Fiquei muito satisfeita, e ela nos deu o primeiro horário para quando abrissem após o Hogmanay* em 2 de janeiro de 2007. E, simples assim, o nome Jordan foi erradicado da nossa família.

---

*   Celebração escocesa do Ano-Novo.

casei com um
PSICOPATA
Mary Turner Thomson

ESPÍRITO LUTADOR

Will Jordan ficaria na prisão por pelo menos dois anos e meio, mas um dia estaria livre de novo. Eu não sabia se ele ficaria com raiva e tentaria se vingar por eu ter falado com a imprensa, sem contar o fato de ter escrito um livro sobre ele. Eu estava nervosa, mas me recusava a continuar vivendo com medo. Tinha um pesadelo recorrente em que ele aparecia na minha porta, e eu queria saber o que fazer se isso acontecesse. Decidi que precisava aprender a me defender fisicamente, então, quando uma das minhas melhores amigas, Carina, comentou que estava pensando em fazer aula de taekwondo, aproveitei a oportunidade de fazer com ela. Taekwondo se traduz literalmente como "a arte de punhos e pés" e, como as pernas em geral são mais fortes e mais longas do que os braços, usá-las é mais eficaz em lutas, em especial quando uma mulher está se defendendo de um homem. O taekwondo te ensina a usar tanto braços quanto pernas, o que beneficia o lutador no combate corpo a corpo, assim como mantém um agressor à distância.

Quando começamos as aulas, observei as pessoas fazendo flexões e sequências de movimentos com facilidade e me perguntei como seria capaz de chegar àquele nível. Como fui dançarina e ginasta na escola e na faculdade, ainda era muito flexível, mas tinha bem pouca força física. As movimentações do taekwondo me ajudaram a fazer com que os músculos se movessem da maneira certa e o meu treinamento de dançarina desde a juventude me ajudou a aprendê-los passo a passo. Eu costumava brincar que estava demorando tanto para conseguir a faixa preta que eu seria uma faixa cinza!

De qualquer forma, o plano era ser faixa preta quando Will Jordan fosse libertado da prisão, então treinei muito e estava muito focada. Cada vez que eu socava ou chutava um bloco, imaginava o rosto dele e isso me ajudava a bater muito mais forte. Não porque eu queria bater nele, mas apenas porque me lembrava de que eu precisava dessa habilidade para me defender.

Os meus filhos vinham comigo para o taekwondo, pois eu não tinha babá nem podia pagar uma na época. O meu filho de 2 anos costumava sentar no canto do corredor e observar enquanto eu treinava. Quando ele estava entediado, tentava participar e muitas vezes segurava os meus tornozelos enquanto eu tentava praticar as sequências. O clube que eu frequentava foi extremamente acolhedor e compreensivo — eu tinha contado a eles sobre as minhas circunstâncias, o que ajudara!

Descobri que o treinamento me auxiliava a desenvolver confiança física e me fazia sentir mais no controle. Fiquei mais em forma e mais forte e comecei a fazer flexões. No começo, só conseguia me abaixar alguns centímetros, depois mais alguns, mas gradualmente a minha força aumentou e consegui acompanhar o resto da turma.

O meu professor, Paul, tornou-se um grande amigo e eu adorava treinar com ele. Paul se esquivava e ziguezagueava, bloqueando qualquer ataque que eu fizesse com facilidade. Era frustrante, mas também inspirador. Naqueles primeiros dias, ele descaradamente abaixava a guarda e não se protegia, desafiando-me a tentar acertá-lo. Conforme melhorei, ele levantou a guarda e finalmente senti a minha habilidade crescendo, embora eu ainda não conseguisse acertá-lo.

O clube tornou-se mais do que apenas um lugar para eu aprender a me defender — tornou-se uma família e um grupo de amigos que realmente valorizo. Além disso, as crianças cresceram lá e passaram a fazer parte dele, matriculando-se à medida que cresciam.

Enquanto eu aprendia a lutar, também trabalhava com uma editora na versão final do livro. Ela foi brilhante e fez todas as perguntas certas, o que me levou a explicar com mais detalhes cada etapa do processo e tudo aquilo pelo que passei. Essas perguntas realmente ajudaram a focar a minha mente e tirar os últimos fragmentos de informação da minha cabeça.

Então, de repente, um rascunho final estava concluído, uma capa feita e aprovada, e uma data de lançamento marcada. No verão de 2007, eu seria uma autora publicada!

casei com um

PSICOPATA
Mary Turner Thomson

ESTÚDIOS DE TV

O meu primeiro livro foi publicado em 2007. Finalmente eu tinha um exemplar em mãos.

É extraordinário ver o seu nome na capa de um livro e me senti maior e mais forte por causa disso. Fiquei impressionada por ser capaz de me descrever como uma "escritora" e fui preenchida por uma imensa sensação de orgulho. Sabia que a minha mãe também teria ficado muito orgulhosa.

Fui enviada a Londres pela editora para falar na TV e no rádio para promover o livro. Eu tinha trabalhado para a BBC por dois anos, entre 1987 e 1989 — inclusive trabalhei em duas séries de TV britânicas, *EastEnders* e *All Creatures Great and Small* —, então tinha familiaridade com os estúdios de televisão. Contudo, estar atrás das câmeras era muito diferente de estar na tela! Nunca tive vontade de ser filmada e no começo estava nervosa, mas tudo isso fazia parte de ser uma autora e precisava me acostumar. Era estranho falar sobre mim mesma dessa forma, mas quanto mais eu o fazia, mais fácil ficava. Eu achava fascinante falar sobre psicopatas e tentei elaborar a minha história em torno desse tema para que vítimas de outros psicopatas pudessem se identificar.

Havia cerca de vinte programas de rádio que queriam me entrevistar, assim como alguns canais de TV. Eu nunca tinha assistido à programação diurna de TV, então realmente não tinha ideia do que esperar. O primeiro programa de TV de que participei foi *This Morning*, com Phil Schofield e Fern Britton. Me buscaram de carro e fui recebida na chegada. Foi divertido ser tratada como uma pessoa VIP, tendo o cabelo e a maquiagem feitos profissionalmente. Me levaram a um camarim ótimo, onde conheci os outros entrevistados — uma das CheekyGirls (uma dupla de cantoras romenas) que estava namorando um político, um menino que estava se recuperando de anorexia e a namorada de Simon Cowell.

Por fim, fui levada ao estúdio e conheci Phil e Fern durante o intervalo comercial. Eu tinha trabalhado com Phil Schofield em 1987 nos seus últimos dias no programa *Broom Cupboard* na BBC Infantil e comentei isso com Phil antes de irmos ao ar. Ele foi um amor e disse que se lembrava de mim. Foi uma conexão legal, que me fez sentir mais confortável na televisão ao vivo pela primeira vez. Deu tudo certo com a entrevista e Phil ficou chocado com a minha história. No geral, foi uma boa experiência.

Pouco depois, em agosto de 2007, fui entrevistada por outro apresentador da TV diurna, e a experiência foi bem diferente. Tive que pegar um táxi para o estúdio e, quando cheguei, me revistaram em busca de armas! Eu sabia que tinha alguma coisa errada quando precisei passar por um detector de metais para chegar ao camarim.

Lá estava eu, em outro estúdio de TV, em um programa de TV diurno relativamente novo, do qual eu nunca tinha ouvido falar. Havia outro cabeleireiro e maquiador me deixando apresentável, mas dessa vez fui colocada em um camarim privado em um longo corredor. Em certo momento, deixei o camarim para procurar um banheiro e fui recebida no corredor por um homem que parecia estar de guarda. Ele me perguntou muito claramente aonde eu estava indo.

"Para o banheiro", respondi.

"Fique aqui. Tenho que verificar se estão sendo limpos", disse ele, um tanto rude.

Foi aí que percebi que estavam mantendo os entrevistados separados. Isso não era um bom presságio.

Enquanto o guarda "verificava" se estavam limpando o banheiro, a mulher do camarim ao lado saiu e decidimos sentar juntas e conversar. O programa "especial" ia ser sobre vítimas de golpistas, então sabíamos que tínhamos algo em comum.

A mulher — Renata — tinha sido vítima do infame golpista do MI5, Robert Hendy-Freegard. Essa era uma história com a qual eu estava muito familiarizada, porque *Deceived*, uma autobiografia de outra vítima, Sarah Smith, fora um dos muitos livros que eu lera sobre o assunto.

Robert Hendy-Freegard convenceu três alunos de que ele era um agente do MI5 e que todos os três (duas meninas e um menino) haviam se tornado alvos de um plano de assassinato do IRA.[*]

Ele trabalhava como barman em 1992, quando conheceu os três — Sarah Smith, Maria Hendy e John Atkinson. Um quarto estudante, amigo deles, tinha acabado de cometer suicídio com uma espingarda e Hendy-Freegard ouviu-os conversando sobre isso, o que colocou o seu plano em ação. Ele disse aos alunos que era um policial da Divisão Especial e que estava trabalhando no bar disfarçado para pegar membros de uma célula terrorista do IRA que estaria operando ali. Hendy-Freegard convenceu todos os três de que o amigo deles não cometera suicídio, tendo sido, na verdade, assassinado por ter testemunhado algo que o IRA estava fazendo. Além disso, o MI5 e a Divisão Especial teriam descoberto um complô para assassinar os três também.

Robert Hendy-Freegard levou todos para a proteção de uma "casa segura" sob o seu controle e os submeteu a abusos bizarros, incluindo ter que provar lealdade de várias maneiras brutais. Ele os persuadiu a cortar laços com a família e os amigos para aliená-los e, em seguida, os fez arrancar dinheiro dos seus parentes. Conseguiu convencer John e os seus pais a lhe darem 300 mil libras enquanto John era colocado em "treinamento".

Maria ficou com ele por oito anos, dando à luz duas das suas filhas e vivendo em extrema pobreza enquanto ele passeava em carros caros e ternos de grife. Depois de algum tempo, John saiu, e em seguida Maria, mas, sem contato com o mundo exterior, a última vítima, Sarah

---

[*]   Exército Republicano Irlandês, um aglomerado de grupos paramilitares
que lutou e ainda luta contra a influência britânica na Irlanda.

Smith, permaneceu sob o seu controle por dez anos, escondida em só-tãos e porões, vivendo com medo e acreditando que ele era a sua única chance de sobrevivência. Ele a deixava sozinha por dias seguidos, e in-clusive deixou-a trancada em um banheiro sem comida em uma ocasião.

Ele enganou uma mulher chamada Lesley Gardner em Newcastle e sugou 16 mil libras dela ao longo de seis anos, alegando que tinha que pagar assassinos do IRA que tinham sido libertados após o Acordo da Sexta-Feira Santa.** Também vendeu o carro dela e ficou com o dinheiro.

Hendy-Freegard conheceu Elizabeth Richardson, uma assistente pessoal recém-casada que trabalhava em uma concessionária de auto-móveis em Sheffield, e a forçou a mudar de nome e fugir com ele. Ela passou dezessete meses dormindo em bancos de parques e sobrevivendo com barrinhas de chocolate e água de banheiros públicos. Ele também a convenceu a pegar empréstimos de 6,5 mil e 8 mil libras, que ele em-bolsou. Por fim, Elizabeth foi descoberta pela polícia em um casebre em Leicestershire, desnutrida e coberta de feridas.

Hendy-Freegard também escolheu Renata como alvo quando ela es-tava comprando um carro na mesma concessionária. Renata estava grá-vida quando eles se conheceram e separara-se recentemente. Depois de vender um carro para ela e os dois começarem um relacionamento, Hen-dy-Freegard lhe disse que estava espionando uma pessoa na concessioná-ria e acabou convencendo-a a pegar um empréstimo de 15 mil libras para ele. Renata também ajudou a abrigar Sarah Smith, que supostamente es-tava em um programa de proteção a testemunhas. Hendy-Freegard disse a Renata que a mulher só falava espanhol, para que elas não conversas-sem entre si.

Enquanto isso, Hendy-Freegard tinha várias outras relações. Ele se-duziu uma advogada de alto nível chamada Caroline Cowper, de quem roubou 14 mil libras: eles ficaram noivos, mas a família dela interveio. E, em 2002, envolveu-se em um relacionamento com uma psicóloga infantil

---

** O objetivo do acordo foi acabar com os conflitos relacionados à questão da união da Irlanda do Norte com a República da Irlanda, ou sua permanência no Reino Unido.

americana chamada Kimberley Adams. Na época, ele "admitiu" para ela que se infiltrara em uma rede criminosa e matara um criminoso que tinha ameaçado expô-lo. Até pediu Kimberley em casamento, mas disse que havia uma condição: ela também precisaria tornar-se uma agente e cortar todo o contato com a família. Foi a família dela que ligou para o FBI, o que acabou levando à prisão de Hendy-Freegard.

A mãe de Kimberley prometeu dar as 10 mil libras que ele pedira, mas apenas entregaria o dinheiro pessoalmente, e disse que voaria para o Reino Unido para garantir que a filha estava sã e salva. Quando Hendy-Freegard chegou ao aeroporto de Heathrow para encontrar a mãe de Kimberley e pegar o dinheiro, a polícia o prendeu. Ele alegou inocência e afirmou, até o julgamento, que tudo fazia parte de uma conspiração.

Em junho de 2005, ele foi condenado por duas acusações de sequestro, dez de roubo e oito de fraude. Em setembro de 2005, foi condenado à prisão perpétua. No entanto, recorreu da condenação por sequestro e surpreendentemente ganhou o recurso em abril de 2007 — apenas quatro meses antes de eu conhecer Renata no estúdio —, reduzindo a sentença de prisão perpétua para apenas nove anos. Para a minha surpresa, o juiz disse que as vítimas não foram fisicamente contidas e, portanto, não se tratava de um "sequestro".

Eu conhecia a história de Sarah Smith por ter lido o seu livro, mas não sabia do grande número de outras vítimas que Robert Hendy-Freegard tivera como alvo. Claramente, este era outro predador psicopata. Contei à Renata o que aprendera sobre psicopatas. Ela ficou intrigada e disse que também continuaria pesquisando.

Quando o funcionário da TV diurna voltou depois de verificar o banheiro, Renata e eu já estávamos tendo altas conversas e ele, de má vontade, nos permitiu dividir um camarim. Tivemos uma conversa muito interessante antes que ela fosse levada para o estúdio. Foi realmente fascinante conversar com outra vítima de uma intrincada trama psicopata.

Enfim fui para o estúdio e sentei em uma poltrona diante de uma plateia ao vivo. O apresentador, um homem chamado Jeremy Kyle, sentou do meu lado e começou a me fazer perguntas. Como eu tinha conhecido Will Jordan? O que acontecera? A outra esposa também concordara em ser entrevistada e estava no estúdio, mas não queria aparecer no vídeo, então foi mantida em uma sala dos fundos, com a silhueta em uma tela e (por alguma razão inexplicável) a sua voz era a de um Dalek de *Doctor Who*.

No início, a entrevista correu bem, mas a atitude e o comportamento de Jeremy Kyle gradualmente começaram a me irritar. Toda vez que eu começava a explicar sobre psicopatas ele tocava em seu fone de ouvido e gritava: "Não consigo ouvir a Lucy! Não consigo ouvir a Lucy!".

Tendo trabalhado com TV e produção de vídeo, eu sabia que era um estratagema deliberado para me cortar, para que ele pudesse editar o que eu estava dizendo. Ele também se movia pelo palco, levantando-se e sentando-se nos degraus abaixo de mim enquanto falava com a silhueta da outra esposa de Will Jordan. Foi uma maneira bizarra de conduzir uma entrevista na televisão e ficou parecendo arrogante e insensível.

A sua atitude em relação à outra esposa era condescendente e agressiva, com perguntas como por que ela havia permitido que o marido tivesse casos e não o tinha deixado.

Eu ainda falava com tranquilidade, mas estava ficando irritada com a atitude dele. Ele estava constantemente tentando me fazer parecer uma idiota e, a certa altura, perguntou: "Então ele disse que era infértil?".

"Sim", respondi.

"Mas você engravidou?"

"Sim", repeti simplesmente.

"Mas você achou que ele era infértil?"

"Sem dúvida não depois que engravidei", disse, tranquila.

Ele tentou fazer essa pergunta de novo algumas vezes, mas continuei dando a mesma resposta. Isso é uma técnica de entrevista para tentar obter a resposta que o entrevistador deseja. Se as pessoas continuam fazendo a mesma pergunta, tentamos acomodá-los variando a resposta, porque continuar repetindo a mesma resposta nos faz sentir como uma criança na escola que deu a resposta errada da primeira vez. Mas eu não ia ser intimidada por este entrevistador.

Fiquei, sobretudo, furiosa com a maneira como ele estava tratando a outra esposa, e, quando a entrevista enfim acabou, eu estava chocada que os meus editores tivessem sugerido a minha participação naquele programa específico.

Quando saí do estúdio, a gerente assistente disse, alegre: "Ele não é maravilhoso?".

Parei, olhei bem nos olhos dela e disse: "Não!".

Percebi que Kyle gerenciava o seu estúdio como Will Jordan ou Robert Hendy-Freegard haviam comandado as suas vítimas. Era manipulação, e, se eu não soubesse o que estava acontecendo, acho que teria saído sentindo-me totalmente desmoralizada e diminuída pela sua maneira condescendente. Me perguntei o que diabos a produção e a direção estavam fazendo ao permitir que ele se comportasse dessa maneira. Além do mais, ainda tenho dificuldade de entender por que o público gostava de ver esse programa.

Ao sair, liguei para a minha agente, que estava furiosa com a editora por ter concordado com a entrevista, e desde então nunca mais participei de um programa, fosse rádio ou TV, sem eu mesma verificar antes do que se trata.

Fico feliz em dizer que *The Jeremy Kyle Show* não é mais transmitido. Infelizmente, uma das pessoas entrevistadas cometeu suicídio em 2019 após participar de uma filmagem e a emissora inicialmente suspendeu o programa e, em seguida, decidiu cancelá-lo por tempo indefinido, incluindo a exibição de todos os episódios anteriores. O programa só tinha começado em 2005, então era compreensível que eu não tivesse ouvido falar na época, em agosto de 2007, mas ter participado dele ainda é uma vergonha para mim.

casei com um
PSICOPATA
Mary Turner Thomson

OS FERIDOS

Uma coisa boa que aconteceu por causa do programa do Jeremy Kyle foi a possibilidade de eu conversar com a outra esposa. Ela fora contra a publicação do meu livro quando eu estava na fase da escrita, e o pessoal da editora me contou que ela ligara para eles várias vezes, ameaçando processar caso prosseguissem com a publicação. No entanto, ela veio falar comigo depois que o programa acabou e sugeriu que fôssemos tomar um café.

Fomos para a estação de trem e nos sentamos em uma mesinha redonda em um quiosque de café. Ela parecia muito menos estressada do que quando a conheci em 5 de abril de 2006: o dia em que ambas havíamos descoberto sermos casadas com o mesmo homem. Ela estava compreensivelmente muito mais amigável. Disse que finalmente lera o meu livro e admitia que agora estava feliz que eu o tenha escrito. Para o meu alívio, ela disse que o livro a ajudara a entender tanto a situação dela quanto a minha muito melhor do que antes, porque isso a fizera ver o contexto como um todo. Foi um grande alívio para mim. O intuito nunca fora que a minha exposição pública fosse uma fonte de angústia para qualquer uma das outras vítimas. Eu sabia que tinha que ser feito, mas também estava muito ciente de que algumas das vítimas ainda podiam sentir-se emocionalmente traumatizadas e preferiam que ninguém soubesse sobre as nossas provações particulares — por isso não usei nenhum dos nomes verdadeiros.

Depois disso, ela passou a me ligar com frequência. Enfim precisava falar — e falou muito. As ligações em geral duravam cerca de uma hora e meia cada, duas a três vezes por semana. Ela precisava desabafar, então eu apenas escutava, sendo para ela uma ouvinte que com sorte a ajudaria a recuperar-se de dezesseis anos de abuso.

Comparamos histórias. Ela me disse que Will Jordan nunca tinha feito uma prova de direção e nunca tivera uma carteira de motorista nos EUA ou no Reino Unido. Isso me chocou, considerando o tanto que ele dirigiu, e de repente o porquê de ele não alugar um carro para si mesmo fez sentido. Nós discutimos datas e horários, compreendendo algumas das coisas que ele estivera fazendo ao mentir sobre estar fora do país.

Descobri por que os seus pés estavam em um estado tão ruim em 2005, depois que ele disse que tinha ficado preso durante um suposto massacre em Jenin (na Palestina) por três meses. A verdade é que ele usara botas dois tamanhos menores que o dele por várias semanas antes de voltar. Ela perguntara por que ele estava usando botas que claramente machucavam-no, e ele apenas respondeu que gostava da aparência delas. Na verdade, estava danificando os pés intencionalmente para ter evidências físicas das mentiras que contaria para mim.

Ao pesquisar para escrever *The Bigamist*, aprendi muito com as vítimas dele sobre outros casos de automutilação a fim de fornecer provas. Uma das vítimas não queria ter mais filhos, então sugeriu ligar as trompas. Will Jordan insistiu que isso era muito invasivo e ofereceu-se para fazer uma vasectomia. Ele devidamente saiu para fazer o procedimento e voltou com o que pareciam ser duas queimaduras de cigarro na pele dos testículos. Curiosamente, ela engravidou de novo e ele disse que o procedimento devia ter falhado.

Me perguntei como ele podia fazer coisas tão dolorosas e angustiantes a si mesmo apenas para perpetuar uma mentira, então pesquisei sobre isso.

A pesquisa sobre psicopatas mostrou que eles não têm reação emocional a outras pessoas, mas também não têm reação emocional empática consigo. Pesquisadores fizeram experimentos em que amarraram voluntários em uma cadeira elétrica e lhes disseram que receberiam um choque elétrico. A frequência cardíaca deles acelerava imediatamente. Eles recebiam o choque e o ritmo aumentava muito, depois lentamente voltava a cair. Os pesquisadores, então, diziam ao voluntário que ele receberia outro choque e a frequência cardíaca subia de novo, em antecipação da dor. No entanto, quando o mesmo experimento foi conduzido em um psicopata (conforme identificado no PCL-R), a frequência cardíaca permaneceu estável até receber o choque, quando saltou e depois voltou ao normal mais uma vez. Ao dizerem que ele receberia outro choque, a frequência permaneceu normal até o momento em que de fato sentiu dor.

Além de não ter empatia por outras pessoas, os psicopatas também não têm nenhuma empatia pelos seus futuros *eus*. Não é que não sintam dor, mas não se importam que o seu futuro *eu* sinta isso.

Pessoas empáticas têm empatia com os seus futuros *eus* como se fossem outra pessoa: nós imaginamos a nós mesmos no próximo dia, semana, mês ou ano como se estivéssemos pensando em alguém de quem gostamos.

Sabendo disso, Will Jordan queimar a si mesmo com um cigarro não teria provocado uma reação emocional nele. Mesmo alguns segundos depois de sentir o primeiro choque de dor e saber que iria queimar-se de novo, ainda não teria gerado qualquer reação. Ele sentiu a dor, mas nenhuma angústia pela dor que estava prestes a sentir.

Minhas longas conversas pelo telefone com a outra esposa passaram por vários assuntos e pude percebê-la muito melhor do que antes. Ela me disse tudo que sabia sobre as outras vítimas, incluindo as babás que contratou para cuidar dos seus filhos. Eu já sabia de uma das babás que tinha dois filhos de Will Jordan, mas a outra esposa me contou sobre outra moça que perdera a vida por causa dele. Essa garota, de apenas 19 anos, creio eu, começou a trabalhar como babá da família. Em pouquíssimo tempo, Will Jordan a seduziu. Quando a esposa descobriu, ele rejeitou a menina e ela perdeu o emprego e o lar, tendo que sair da casa em um estado miserável. A outra esposa, então, me contou como a menina havia aparecido na casa outra vez, depois de tomar uma overdose de paracetamol. Eles a levaram para o hospital, mas foi tarde demais para salvá-la. Seu fígado falhou e ela morreu lentamente e em muita dor.

Um incidente que veio à tona quando comparamos histórias foi extraordinariamente revelador. A outra esposa me contou sobre um incidente em outubro de 2002, quando Will Jordan disse a ela que o seu agente do MI6, Michael, estava hospedado em um hotel perto da sua casa. Ela estivera em contato constante com Michael ao longo dos anos e admitiu estar um pouco apaixonada por ele, embora eles nunca tivessem se conhecido pessoalmente. O fato de ele estar tão perto era muito tentador para ela resistir, então ela foi ao hotel para encontra--lo. Quando chegou ao quarto do hotel, Michael atendeu a porta e de imediato pareceu desconfortável — ele recusou-se a falar com ela, afirmando ser apenas um empresário que trabalhava com Will Jordan. Ela foi embora e ia voltar para casa, mas cinco minutos depois recebeu uma mensagem de Michael dizendo que ele estava sendo grampeado e ela precisava entender que ele não podia falar com ela. Ela prontamente deu meia-volta e, batendo na porta mais uma vez, insistiu para encontrá-la no estacionamento, onde eles andaram em círculos. A outra esposa tentou fazer Michael falar, mas ele insistiu que era apenas um empresário e recusou-se a conversar sobre qualquer coisa com ela. Ela foi embora de novo, confusa e com raiva. Mais uma vez, recebeu uma mensagem de Michael cinco minutos depois, dizendo que era o seu telefone que estava grampeado, não do quarto, e que ele realmente não podia falar com ela, mas os dois se encontrariam e conversariam pessoalmente em breve.

Eu já tinha ouvido essa história da perspectiva de outra pessoa — Malcolm, o empresário que Will Jordan fraudara e a quem dissera que a sua esposa estava morrendo de câncer e tinha enlouquecido. Will Jordan estivera fingindo, pela internet, ser o seu próprio agente do MI6 para a sua esposa, e Malcolm dera-lhe a oportunidade perfeita para mostrar a ela que essa pessoa de fato existia. Ainda assim, como Will Jordan sabia o momento certo para enviar uma mensagem de texto quando a sua esposa ia embora? Na época, Will Jordan estava comigo em lua de mel no Castelo Shieldhill, na Escócia, a centenas de quilômetros de distância. Então como a estava rastreando?

Lembrei-me de ter lido sobre dispositivos de escuta modernos e perguntei à esposa que tipo de telefone era o seu. Era um Nokia azul pequeno que Will Jordan tinha dado a ela. Uma rápida pesquisa no Google deu a resposta. Na época, era possível comprar um dispositivo de escuta que parecia e funcionava exatamente como aquele celular da Nokia — embora tivesse um recurso especial a mais. Will Jordan poderia discar o telefone que tinha dado a sua esposa e inserir um código de número adicional — o telefone dela iria atender à chamada sem tocar e sem mostrar a ela que estava sequer ligado. Era um dispositivo de escuta doméstico. Embora não tenhamos 100% de certeza de que foi isso que ele fez, parece encaixar-se nas evidências e explicaria como ele sabia o que ela estava fazendo e com quem estivera falando.

Lembrei que, durante a lua de mel, Will Jordan tinha passado algum tempo ouvindo música enquanto eu lia um livro, então me dei conta de que ele não estivera ouvindo música nenhuma; estivera ouvindo a sua esposa e o seu cliente se encontrando no hotel, permitindo-lhe continuar manipulando os dois no seu jogo doentio.

A outra esposa me contou muitas outras histórias sobre o que ele tinha feito com ela ao longo do casamento, que não vou relatar aqui porque ela não quer que a sua história se torne pública. Suspeito que ainda se sinta constrangida e envergonhada das coisas que ele a manipulou para fazer. E o que ela passou faz a minha história parecer um conto de fadas. De qualquer forma, não cabe a mim contar isso.

Parecia que ela queria desesperadamente acreditar que ele a amava. Ela queria que os seus filhos fossem amados e que a sua família fosse especial para ele de alguma forma; o que suponho que fosse verdade porque ela não o expulsara e lhe dera um lugar para voltar entre um jogo e outro. Mas o nível de desespero dela para ser especial para ele era perigoso, e senti que isso a mantinha vulnerável. Ela sempre parecia correr o risco de ser arrastada de volta para ele e eu me preocupava com o que poderia acontecer com ela e os filhos quando ele estivesse livre novamente.

Tentei mantê-la com os pés no chão e fora das suas garras, mas aceitar que ele era realmente um psicopata significava que dezesseis anos da sua vida foram uma mentira. Isso não é uma coisa fácil de se fazer.

Então, dia após dia, semana após semana, eu recebia os telefonemas dela.

Eu ainda estava em contato com as outras vítimas também e conversávamos regularmente, compartilhando histórias e experiências. Novas vítimas também se apresentaram. Uma mulher tinha assistido ao programa de Jeremy Kyle, e me autorizou a compartilhar a sua história na versão atualizada do meu livro que saiu em 2008.

Estávamos todas feridas, mas juntas começávamos a sarar. Saber que havia outras mulheres no mundo que sabiam e entendiam o que tínhamos passado foi incrivelmente benéfico. Como um grupo, comparamos datas e tivemos uma ideia razoável de onde ele tinha estado e quando. Contudo, sem dúvida havia lacunas e estava claro que havia mais vítimas que nunca se apresentaram. Famílias, filhos, negócios e mulheres que ele tinha violado, mas que não sabiam a verdade ou não queriam entrar em contato conosco. Por meio do nosso conhecimento coletivo, traçamos uma média de três a cinco mulheres com quem Will Jordan estivera envolvido em cada momento, mas sabíamos que provavelmente havia muitas, muitas mais.

Nós nos tornamos uma fonte de conforto uma para a outra conforme gradualmente as nossas conversas passaram de falar dele para apenas falar sobre a vida em geral — como os nossos filhos estavam, no que estávamos trabalhando, coisas normais. Era uma comunidade incipiente de apoio e compreensão, ajudando todas nós a curar.

casei com um
PSICOPATA
Mary Turner Thomson

CIMENTO FRESCO

A resposta do público ao livro foi muito diferente da reação de culpabilização da vítima por parte dos artigos de jornal. As pessoas começaram a deixar comentários online dizendo que o livro realmente abrira os olhos delas para a facilidade com que um psicopata pode manipular alguém. Comecei a receber correspondências através da editora e online de pessoas que me agradeceram por escrevê-lo. Criei uma página no Facebook e as pessoas passaram a postar comentários lá também. Mais e mais pessoas disseram que algo semelhante havia acontecido com elas e não sentiram que podiam falar sobre isso até lerem o meu livro, me agradecendo por ter a coragem de falar. Foi uma validação extraordinária.

No entanto, nem tudo foi positivo. Uma amiga que eu conhecia havia muitos anos e que ajudara com os próprios traumas tinha sido um grande apoio em um dos meus pontos mais baixos. Ela foi tomar café comigo um dia em abril de 2006, apenas alguns dias depois que eu descobrira a verdade, e eu estava usando uma camiseta velha e muito folgada, ligeiramente rasgada. Ela me repreendeu, me dizendo para cuidar de mim, independente do que estivesse acontecendo, e não me abandonar. Foi um tapa na cara emocional e eu devidamente tomei um pouco mais de cuidado depois disso para garantir que não estava caindo rapidamente em depressão. No entanto, ao descobrir que eu estava contando aos meus filhos o que estava acontecendo, ela ficou indignada com o fato de eu escolher contar a verdade a eles. A minha amiga achava que eu deveria ter mentido e deixá-los crescer idolatrando um pai morto ou ausente, ou simplesmente não dizer nada. Ela, de fato, me disse que contar a verdade às crianças era "equivalente a abuso infantil", e depois recusou-se a falar comigo de novo.

Eu sabia que ela estava errada. Ser aberta e falar sobre as coisas com os meus filhos era a coisa certa a se fazer. Eu estava dando a eles a linguagem e as ferramentas para expressar o que sentiam e não engolir e acumular as coisas. Queria dar-lhes a chance de entender o que estavam sentindo e explorar o que isso significava.

Em 2007, a minha filha mais velha, Robyn, já estava mostrando sinais de "ansiedade de separação", como era de se esperar. Com apenas 8 anos, ela já tinha perdido três das quatro pessoas mais importantes na sua vida — todas no espaço de um único ano — e estava com muito medo de me perder também.

Em janeiro de 2006, o seu pai biológico, Ross, casara com uma mulher japonesa adorável e mudara-se em março para o Japão. Robyn não passava muito tempo com ele antes de ele partir; uma ou duas vezes por mês ele aparecia e a levava para passear.

Eu tinha parado de dizer com antecedência que ele talvez fosse vê-la quando Robyn tinha cerca de 4 anos, porque ele combinava e depois saía para beber na noite anterior e simplesmente não aparecia (ou cancelava no último minuto). Ross não tinha que lidar com o seu rostinho triste todas as vezes. Eu tinha que contar para ela que a ida ao zoológico ou ao cinema estava cancelada. Ficou mais fácil apenas vê-lo aparecer de surpresa (quando ele aparecia).

Ele nunca a sustentou financeiramente e, num dado momento, parei de me preocupar com essa questão porque achava que o seu relacionamento com o pai era mais importante e era óbvio que não receberíamos nenhum apoio financeiro de qualquer forma.

Então, em janeiro de 2006, eu queria que Ross dissesse a Robyn que ele iria se mudar para o Japão, mas, embora tivesse prometido, nunca o fez. No fim, eu mesma precisei dizer a ela duas semanas antes de ele partir. Ela não ficou particularmente incomodada, mas foi apenas a primeira "pancada" do ano.

Robyn adorava Will Jordan. Ele era o seu padrasto desde que ela era um bebê de 1 ano de idade e a paparicava muito sempre que estava em casa. Eles brincavam e ele a pegava e a girava no ar. Para ela, ele era muito mais "pai" do que Ross jamais fora.

Quando a verdade sobre o que Will Jordan fizera emergiu, Robyn tinha apenas 7 anos e estava no segundo ano do ensino fundamental. Quando tomei a decisão de falar com as crianças, contei a ela e a Eilidh tudo que estava acontecendo, incluindo o fato de que ele estava na prisão. Robyn sofreu em silêncio com a notícia de que Will Jordan era casado com outra pessoa e pareceu entender que ele estava na prisão porque era para onde deveria ir depois de cometer um crime.

Quando os colegas da escola de Robyn souberam da notícia, tentaram usá-la contra ela — como crianças costumam fazer —, mas ela já sabia e por isso não reagiu.

Eles a insultavam com: "Seu pai está preso!".

Ela apenas dava de ombros e respondia: "Sim... E?".

Isso os fez parar porque não obtiveram a reação que queriam. Fiquei muito orgulhosa dela.

Foram alguns meses difíceis, mas passamos por isso dia após dia juntas.

Então a sua avó querida morreu. Os três adultos mais importantes (além de mim) na vida de Robyn se foram em um intervalo de seis meses entre um e outro. Ela fora abandonada, traída e enlutada, a trilogia da dor, e tudo isso com 7 anos de idade.

Robyn estava apavorada, achando que eu ia desaparecer também. Sempre que a deixava na escola, ela ficava com medo de que eu não estivesse lá para encontrá-la na saída. Eu tinha que ficar e acenar enquanto ela passava por duas janelas separadas, e tinha que estar exatamente no mesmo lugar para encontrá-la depois da aula. Sempre que eu viajava para fazer uma entrevista na TV ou promover o livro ela temia que o avião em que eu estava iria cair e/ou que eu simplesmente não voltaria.

Me senti muito mal por ela perder tanto nessa idade tão vulnerável. Nós apenas continuamos conversando durante todo o processo. Eu lhe dizia como me sentia sobre as coisas e ela me contava sobre como se sentia e, gradualmente, ficamos mais fortes juntas.

À medida que os meus três filhos cresciam, eu me perguntava se havia alguma chance de a psicopatia ser genética. Li um livro chamado *Just Like His Father?*, da dra. Liane Leedom. É fascinante e realmente mostra que a psicopatia pode ser passada de pai para filho, mas o ambiente, a forma como uma criança é criada, também importa. Uma criança pode ter predisposição para a psicopatia, mas não precisa tornar-se um psicopata mesmo que não tenha reação química de empatia. Aprendi que é importante estar atenta às tendências de comportamento antissocial, para poder agir para neutralizá-las rápido caso ocorressem. O essencial é estar ciente e informado, assim como ensinar-lhes um código moral forte — no meu caso, o mais básico dos princípios, de que mentir não era apenas errado, mas completamente inaceitável. Então, procurei sinais de psicopatia nos meus filhos. No entanto, ficou claro de forma relativamente rápida que os três tinham reação emocional e empatia pelos outros, o que foi um grande alívio. Estar atenta e manter os olhos abertos me fez sentir mais no controle.

Não estou dizendo que ser mãe solo foi um mar de rosas. Houve (e ainda há) enormes desafios na maternidade, ainda mais fazendo tudo sozinha. Em geral apenas seguia em frente e não pensava no quanto tinha que fazer, mas me lembro de um caso que deixou a minha situação muito mais evidente.

A minha querida amiga Mandy veio morar comigo por algumas semanas porque estava entre empregos e apartamentos. Foi um prazer imenso tê-la em casa e embora ela pensasse que eu estava lhe fazendo um favor ao hospedá-la, a verdade era o completo oposto. Ela estava me fazendo um favor apenas por estar lá para me fazer companhia. Ela compreendia a situação, apenas cuidando das coisas que precisavam ser feitas, como arrumar a casa ou preparar algo para as crianças comerem. Me lembro do primeiro dia que ela passou conosco muito claramente. Eu tinha acabado de dar banho nas crianças, as preparado para dormir e Mandy havia arrumado a cozinha e lavado a louça. Mais do que isso, ela havia esquentado a mamadeira da noite do Zach. Comecei a chorar. Pode parecer ridículo, mas naquele momento eu não tinha ninguém para fazer nada em casa além de mim, então mesmo aquele pequeno gesto foi enorme. Foi ótimo ter Mandy morando conosco e acho que isso realmente me manteve sã durante aqueles primeiros meses difíceis.

Chorei muito quando Mandy mudou-se para a sua casa, embora eu tenha me certificado de que ela não soubesse na época. Obviamente tinha que seguir em frente com a sua vida, mas eu sentia falta de tê-la por perto para estar na companhia de adultos, assim como por toda a ajuda que ela me dera. (Mesmo que agora tenha três filhos, eu ainda, de brincadeira, lhe peço para casar comigo de vez em quando.)

A minha mãe uma vez me deu um grande conselho sobre filhos — ela me lembrou de que eles são adultos durante muito mais tempo do que são crianças e que eu iria querer ter um relacionamento com eles por muito tempo depois de atingirem a maturidade. O meu trabalho era fazê-los chegar à idade adulta como indivíduos fortes, confiantes e autossuficientes, prontos para enfrentar o mundo e, quando se tornassem adultos, que eu os visse como iguais.

Eu sabia que, no fim das contas, os filhos sempre irão copiar o que fazemos em vez do que dizemos, por isso temos que dar o exemplo. Eu tinha decidido que, em todas as minhas reações à situação com Will Jordan, iria mostrar aos meus filhos como lidar com a adversidade e, em última instância, eu poderia escolher deixar isso me destruir ou me tornar mais forte e me levar a algo novo. Qual dessas duas opções eu queria ensinar? Se no futuro um deles me pedisse ajuda sobre um problema semelhante, o que eu o aconselharia a fazer? Porque tudo o que eu fizesse estaria definindo esses limites e mostrando-lhes o caminho.

Não sei onde ouvi isso, mas também me lembro de alguém dizendo que as crianças são como cimento fresco, porque tudo o que cai sobre elas deixa uma marca. Então decidi que esta era uma oportunidade de ouro para ensinar-lhes a nunca deixar o mundo derrotá-los e sempre levantar-se outra vez, não importa o que aconteça.

casei com um
PSICOPATA
Mary Turner Thomson

JON RONSON

O melhor programa de que participei, e o mais duradouro, com certeza foi a minha entrevista com Jon Ronson em 2007. Jon é um jornalista investigativo e apresentador da Rádio 4 da BBC, bem como autor best-seller de livros como *Os Homens que Encaravam Cabras* e *Them: Adventures with Extremists* e. Ele me convidou para uma entrevista em um estúdio de Londres, para uma reportagem de seis minutos em um programa de rádio de trinta minutos. A sua nova série teria um tema diferente para cada programa e esse era sobre pessoas acordando para a realidade depois de serem enganadas.

Parece estranho pensar que eu viajaria de Edimburgo até Londres para uma entrevista de seis minutos, mas faz parte do trabalho. Eu estava promovendo o livro, mas também compartilhando o meu conhecimento com um público mais amplo e, com sorte, protegendo pessoas de caírem em relacionamentos semelhantes. Naquela época, eu mal sabia do impacto que aquela única entrevista teria!

Sentamos para começar a gravar (o programa seria editado depois) e discutimos a cronologia da história. Jon pareceu genuinamente fascinado e até se perguntou a certa altura se Will Jordan de fato tinha estado na CIA porque, se não, como poderia ter feito algumas das coisas que tinha feito, ou como sabia de antemão coisas que sairiam no noticiário?

"Você não precisa saber como um truque de mágica é feito para saber que não é mágica de verdade", respondi.

Duas horas depois, Jon ainda estava me fazendo perguntas sobre a minha história e uma questão realmente o abalou.

Eu disse calmamente: "Fiquei grávida, cansada e estressada, e estive basicamente em um estado de medo por seis anos. E tem coisas que você lembra racionalmente agora e percebe... isso apenas não faz sentido. Tudo isso faz parte do plano. Se você mantém alguém estressado, cansado e angustiado, a pessoa não pensa de forma racional, especialmente se não pode falar sobre isso".

"Por que você está bem com isso?", perguntou ele. "Por que não está totalmente acabada?"

"Porque não é pessoal", encolhi os ombros. Eu parecia tranquila, mas na verdade a pergunta dele me fez perceber o quão longe tinha de fato chegado. Me senti forte e experiente. Isso me fez sentir poderosa.

"Não consigo pensar em nada MAIS pessoal!", exclamou Jon.

"Will Jordan é um psicopata e psicopatas não se comportam dessa forma por causa de qualquer coisa que a vítima tenha feito. É como um leão perseguindo uma zebra, ou um gato perseguindo um rato. O gato não escolhe o rato porque é bonito ou rico, ou é inteligente, gentil ou mesmo se tem bebês ou não. Tudo gira em torno do gato e o seu jogo. Vejo Will como um predador; não o vejo mais como um ser humano. A única maneira como posso descrever isso é que você pode assistir a um tigre atacando um antílope ou uma zebra sem ficar ressentido ou zangado com o tigre. É apenas a natureza do predador e caçar é a natureza do caçador. E se a zebra conseguisse escapar e fugir com vida, não ficaria de fato ofendida com o que aconteceu. Ficaria aliviada em fugir."

Jon ficou muito surpreso e atordoado com a ideia de que havia pessoas no mundo que eram como leões na sociedade. Predadores tratando o resto de nós como presas. Ele decidiu fazer todo o primeiro episódio sobre a minha história e o chamou de "The Internet Date from Hell" — você encontra o episódio no YouTube para assistir.

O nosso episódio do seu programa de rádio ficou em terceiro lugar no Sony Awards naquele ano e foi ao ar várias vezes nos últimos doze anos.

Mas Jon não parou por aí. Ele passou a pesquisar e descobrir mais sobre sociopatas e psicopatas. Então escreveu outro livro chamado *O Teste do Psicopata* em 2011. Embora não tenha mencionado o nosso encontro no livro, ele me deu o crédito por tê-lo inspirado a escrevê-lo em uma entrevista que deu ao jornal *The Guardian*, dizendo:

"Não coloquei no livro, mas conheci uma mulher chamada Mary Turner Thomson. Na verdade, fiz um audiodocumentário sobre ela... Duas coisas realmente me impressionaram nessa história. Primeiro, quando perguntei se se sentia magoada, ela disse: 'Não, ele é um sociopata. Não é pessoal. Será que o gnu leva para o lado pessoal quando é perseguido pelo leão? Não. É a natureza deles'. E, em segundo lugar, conversei com uma psicóloga de Harvard chamada Martha Stout, que disse que a condição dele — psicopatia, ou sociopatia, ou como você quiser chamá-la — predomina nos governantes do nosso mundo. As guerras, a injustiça econômica, ela disse; muito disso é iniciado por sociopatas. A sua anomalia cerebral é tão poderosa que remodelou a sociedade de forma completamente errada. Isso me pareceu uma ideia tão importante que fiquei me perguntando se eu poderia verificar isso. Eu poderia me tornar um observador profissional de psicopatas e me aventurar pelos bastidores do poder?".

O Teste do Psicopata foi um grande sucesso para Jon e ainda vende muito bem.

A entrevista com Jon realmente pareceu um ponto de virada para mim. Me senti empoderada e senti que realmente sabia do que estava falando. A técnica de entrevista descontraída e tranquila de Jon me permitiu articular as coisas de uma forma que eu não tinha feito antes, e isso consolidou algumas ideias na minha cabeça. Saí do estúdio sentindo que algo novo nascera e que eu tinha voltado à normalidade.

casei com um
PSICOPATA
Mary Turner Thomson

FESTIVAL DO LIVRO
DE EDIMBURGO

Um dos pontos altos de ser escritora é ser convidada para participar de festivais de livros, e para mim o bilhete premiado é ser convidada para falar no Festival Internacional do Livro de Edimburgo. Um evento que visitei ano após ano e que a minha mãe esperava ansiosamente a cada edição. Tive o prazer de ser chamada em agosto de 2008 para falar sobre o meu livro *The Bigamist* e foi uma alegria ainda maior poder entrar na ilustre Tenda dos Autores. Lá, eu estava cercada por todos os outros escritores que estariam presentes no festival, me comportando como uma tiete enquanto o tempo todo tentava parecer indiferente e como se eu fizesse parte do grupo. Eu estava socializando na mesa de doces com celebridades como Jacqueline Wilson, Kate Mosse e Terry Pratchett. Até Sean Connery apareceu.

Ter permissão para usar a Tenda dos Autores durante todo o Festival do Livro de Edimburgo (e não só no dia da própria apresentação) é uma enorme vantagem de ser convidado para falar. Eu a usei o máximo que pude. Um dia eu estava lá para ver Ian Rankin falar e dei um pulo na tenda antes para pegar uma bebida. Fiquei na mesa que estava disposta com todo tipo de bebida — de café e chá a uísque e vinho, assim como um banquete de croissants, sanduíches e bolos. Várias pessoas aproximaram-se e todos nós começamos a conversar. Um dos autores começou a falar sobre as suas dificuldades em conseguir uma babá. Ele falou sobre como tinha perguntado a todos que conseguia pensar e acabou contratando uma mulher espanhola aleatória para a função.

Eu ri e disse: "É engraçado, né?", ao que ele me olhou, curioso. "Quer dizer, passamos toda a nossa vida dizendo aos nossos filhos parà tomarem cuidado com estranhos e então os pagamos para entrar nas nossas casas."

Ele pareceu horrorizado e então exclamou que estava prestes a subir no palco e agora eu tinha colocado *isso* na cabeça dele. Ele não gostou daquilo.

Foi quando percebi que eu estava falando com Ian Rankin.

"Desculpe", eu disse.

A minha fala foi em 19 de agosto de 2008, dois anos depois da morte da minha mãe e das primeiras oficinas no Festival do Livro de Edimburgo no início da minha jornada de escrita. Os ingressos estavam esgotados e depois fiquei duas horas assinando livros e conversando com pessoas que queriam fazer alguma pergunta particular ou apenas tirar uma foto comigo.

Me senti incrível depois disso e fui passear pela tenda da livraria do Festival. Peguei alguns livros que queria comprar e fui para a fila. Na minha frente havia uma mulher segurando *The Bigamist*. Eu ainda estava me sentindo muito convencida, então cutuquei alegremente o ombro dela e falei: "Esse é o meu livro. Quer que eu assine para você?".

Ela se virou e me olhou de cima a baixo com desdém antes de responder apenas "Não".

Morri de vergonha e queria que o chão me engolisse — mas o orgulho me enraizou no lugar e tive que ficar atrás dela por outros completos cinco minutos até sermos atendidas. Depois percebi quão insana deve ter sido a situação para a mulher. Devo ter parecido uma completa maluca cutucando o seu ombro na fila de uma livraria. A última coisa que se espera ao comprar um livro é que o autor esteja parado atrás de você como uma espécie de stalker literário bizarro.

Imagino que ela tenha ido para casa e, ao abrir o livro e ver o meu retrato, disse: "Ah!".

casei com um
PSICOPATA
Mary Turner Thomson

TRABALHO E AMOR

Agora que o livro fora lançado, a questão de qual trabalho eu deveria fazer estava começando a ficar clara. Eu sabia que queria estar disponível para os meus filhos antes e depois da escola, bem como durante as férias escolares, então a melhor resposta era trabalhar com o próprio sistema escolar.

Fiz um curso da Open University (e acabei obtendo outro diploma) em Inglês e Escrita Criativa. Comecei a fazer visitas a escolas e também criei um programa que ensinava turmas de alunos (geralmente entre 9 e 13 anos de idade) sobre o processo de criação de personagens, configuração de cenas e escrita de enredos. O programa começou pequeno, mas desenvolveu uma boa reputação ao longo do tempo. Eu amo muito trabalhar com crianças, pois elas têm uma imaginação imensa e a capacidade de inventar histórias e finais que adultos simplesmente não conseguiriam formular.

Porém, comecei a ficar um pouco frustrada. Todas essas histórias maravilhosas que nós criávamos estavam apenas evaporando depois que eu ia embora de cada escola. Conhecendo a sensação de se tornar uma autora publicada, inicialmente pensei que gostaria que os meus três filhos tivessem a oportunidade de sentirem-se assim, mas então percebi que estava pensando muito pequeno e queria que *todas* as crianças se sentissem assim.

Por isso, decidi abrir a minha própria editora, uma empresa que publicasse especificamente as histórias e livros que as crianças criassem no programa. Devido ao fato de eu ter sido publicada pela primeira vez por uma empresa chamada Mainstream Publishing, chamei a minha própria editora de WhiteWater Publishing, mais como uma piada, na verdade.*

As oficinas interativas e divertidas passavam por escrita, publicação e divulgação de livros — mostrando as ideias criativas e maravilhosas das crianças, com frequência ilustradas pelos próprios alunos. Foi um grande sucesso. As crianças viam o seu trabalho impresso e, como consequência, começavam a encarar todos os livros sob uma nova luz. Mais do que isso, os professores tinham uma vitrine do tipo de trabalho que as crianças estavam fazendo e os pais tinham uma lembrança da produção dos filhos. A escola tinha livros que podia vender para arrecadar dinheiro. Era vantajoso para todos os envolvidos.

Eu não sabia publicar livros, não tinha nenhuma experiência com isso, mas sabia que tinha capacidade para aprender. Simplesmente comecei e aprendi ao longo do caminho. Como fazer o design e layout de livros, um novo software que eu poderia usar e como funcionava a indústria. Curiosamente, encontrar impressoras comerciais competitivas foi o mais desafiador. No final, porém, aprendi pouco a pouco e dentro de um período relativamente curto descobri que não era tão complicado quanto eu pensava no início.

Enfim eu tinha um meio de ganhar dinheiro de novo e um emprego que me permitia trabalhar durante o horário escolar para que eu estivesse sempre disponível para os meus filhos. Não tinha uma renda enorme, mas pelo menos foi melhor do que depender de benefícios do governo.

As coisas estavam progredindo para mim. Fisicamente, eu estava ficando mais forte e melhor no taekwondo e me tornando mais confiante na minha habilidade de me defender. Financeiramente, estava ganhando uma renda de novo como autora e editora. Mentalmente, a

---

* A palavra *mainstream*, utilizada para identificar o mercado popular e convencional, significa também uma correnteza (*stream*) principal (*main*). O termo *white water* é usado para se referir a correntezas menores e mais rasas de um rio.

minha autoestima e autoconfiança estavam sendo reconstruídas por meio da minha pesquisa e capacidade de falar com as pessoas sobre um assunto no qual eu agora estava me tornando fluente. Mas, emocionalmente, ainda não estava pronta para pensar em outro relacionamento amoroso. A ideia de ter outro homem na minha vida não me atraía — mesmo olhando além do lado estranho de ter que ir a encontros de novo e achar alguém interessado em uma mãe solo de três filhos pequenos —, eu não queria ter que arrumar as coisas de alguém ou lavar as meias de mais uma pessoa! Eu já tinha o suficiente para fazer.

No entanto, eu havia chegado ao estágio em que queria algum apoio emocional, e sentia que os meus filhos precisavam de outra criatura viva para amar além de mim. Depois de pensar muito sobre isso, decidi comprar um cachorro.

As minhas irmãs pensaram que eu estava louca e, em teoria, realmente parece apenas outra boca para alimentar e outro corpo para cuidar. Eu estava determinada, no entanto, e até saí do lugar bastante confortável em que morávamos para ir para um pequeno apartamento com jardim porque o novo proprietário nos permitiria ter um cachorro.

Pesquisei com muito cuidado porque, embora nenhum dos meus filhos fosse alérgico a cães, não sabia se algum dos seus amigos seria. Optei por um cockapoo (aqueles que misturam cocker spaniel e poodles) porque não soltam pelo e, portanto, não provocam alergias. Queria ter certeza de que o cachorro não vinha de uma procriação cruel, então procurei um de uma família responsável. Encontrei uma família em Sheffield que tinha acabado de ter uma ninhada de cockapoos e comecei a receber fotos da minha filhote desde a hora em que ela nasceu. Enquanto esperávamos as semanas necessárias até que ela estivesse pronta para vir para o novo lar adotivo, a nossa empolgação crescia. Decidimos lhe dar o nome "Honey", em parte porque ela é cor de mel e em parte porque, quando eu entrasse pela porta, poderia dizer: "Oi, Honey, cheguei!".

O dia finalmente chegou e peguei um trem para Sheffield, onde a família me encontrou na estação. A bolinha de pelo bege foi entregue a mim e eu imediatamente me apaixonei. O sentimento logo tornou-se mútuo. Durante todo o caminho de trem para casa, as pessoas vinham falar comigo. Honey era fofa demais para alguém passar e não querer acariciá-la.

Ela era um filhote tão adorável que, quando eu ia pegar os meus filhos na escola, ficava cercada por bandos de crianças querendo acariciar o seu pelo. Honey tornou-se a criatura mais amorosa e adorável que podíamos querer. É um cão tão dedicado e doce que se tornou a minha companhia constante, o amor da minha vida e objeto de adoração dos meus filhos. Ela me segue aonde quer que eu vá e me dá os carinhos mais maravilhosos e afetuosos. Se alguém fosse ameaçar a mim ou a minha família, ela correria para nos defender, e sei que ela nunca faria nada para me machucar ou chatear. Ela é a parceira ideal e, melhor ainda, não tenho que lavar as suas meias!

casei com um
PSICOPATA
Mary Turner Thomson

FORA DA CADEIA

Lembro-me muito claramente de estar na cozinha falando outra vez no telefone com o Apoio à Vítima no início de 2009. Queria ter a certeza de que Will Jordan ainda estava na prisão e queria descobrir como fazer uma petição para que ele fosse deportado após a libertação. Eu tinha conversado com várias pessoas àquela altura e perguntado repetidas vezes o que aconteceria sem receber nenhuma resposta definitiva. A incerteza era inquietante. Depois de contar para o mundo inteiro o que ele fizera comigo e com outras pessoas, eu não tinha certeza de como Will Jordan reagiria quando saísse da prisão. Viria atrás de mim para tentar me punir? Tentaria me seduzir e me sugar de volta para o seu controle? Eu estava muito angustiada com as duas opções. Também não sabia como as crianças reagiriam se ele subitamente aparecesse.

Eu me preocupava diariamente com o fato de ele talvez ter sido solto mais cedo, sem o meu conhecimento, e com a possibilidade de ele sequestrar os meus filhos pequenos e levá-los para longe. A outra esposa havia me dito várias vezes que, se algo acontecesse comigo, ela cuidaria dos meus filhos com os dela, o que achei particularmente perturbador. E se Will Jordan levasse os meus dois filhos mais novos para ela? A polícia sequer me ajudaria, considerando que ele era o pai biológico deles?

Apenas algumas semanas antes houve um dia em que não consegui encontrar Robyn, então com 10 anos, depois da escola. Foi uma das piores horas da minha vida. Com um pânico crescente, perguntei aos professores e amigos da escola no parquinho, mas ninguém sabia onde ela estava. Surtei, pensando que era possível que Will Jordan a tivesse levado ou que tivesse providenciado outra pessoa para sequestrá-la. Havia uma possibilidade remota de que Robyn tivesse ido para casa sozinha, então corri da escola para o apartamento com os meus dois filhos mais novos no colo, procurando-a. Ela não estava em casa. Desesperada, deixei os dois mais novos com os vizinhos, com instruções para me ligar se ela aparecesse, e corri a toda velocidade de volta para a escola. Eu estava desesperadamente agarrada ao pensamento de que Will Jordan ainda estava na prisão e era muito mais provável que algo mundano tivesse acontecido. Mas a minha história com ele me assombrava e adicionava uma camada extra de pânico. De volta à escola, os professores reuniram-se e um lembrou-se de ver Robyn com um dos outros alunos e a sua mãe no portão, então eles ligaram para a mãe. Para o meu imenso alívio, descobri que a mãe (alguém que Robyn conhecia bem) a tinha convidado para brincar e disse que enviaria uma mensagem para me avisar, mas esquecera-se de fazer isso! Eu não estava muito contente, mas reconheci que a mãe não tinha a intenção de me causar tanta preocupação e foi um erro simples.

Segurando o telefone com força, ouvi o homem do Apoio à Vítima dizer: "Ele vai ser deportado direto da prisão para os EUA". Dei um suspiro de alívio conforme ele continuou: "A sua esposa legal divorciou-se dele na prisão e ele não terá permissão para retornar ao Reino Unido... nunca mais".

Foi a melhor notícia que já ouvi. Eu andara tão preocupada com o que aconteceria uma vez que ele estivesse livre para fazer o que quisesse de novo. Senti como se o enorme peso que estava pairando sobre mim por três anos tivesse sido removido de repente. A sensação de ter o apoio do meu país inteiro, dizendo a este homem que ele não tinha permissão para voltar para o Reino Unido, libertou-me da minha prisão de ansiedade causada por ele.

Algumas semanas depois, em 29 de abril de 2009, Will Jordan (aos 44 anos) recebeu um passaporte válido por apenas três dias. Havia um carimbo escrito "Válido para viagem direta apenas para os Estados Unidos" pela embaixada norte-americana em Londres. Em 2 de maio de 2009, ele foi devidamente levado da prisão na Inglaterra e colocado em um avião de volta para New Jersey, EUA, com apenas as roupas que usava quando foi preso. Posso apenas supor que ele voltou para a casa dos pais em Cherry Hill.

Para a minha pequena família, foi um grande alívio. Eu não tinha que ficar alerta ou me preocupar com o que ele poderia fazer com as crianças apenas para me manipular ou machucar. Ele estava fora do país. Eu sabia que não era o final, no entanto, apenas o início de um novo capítulo, e seria apenas uma questão de tempo antes de ser contatada por novas vítimas.

casei com um
PSICOPATA
Mary Turner Thomson

VELHOS TRUQUES

Sete meses depois, recebi o primeiro dos e-mails que esperava em novembro de 2009, de uma mulher que engravidara e sem ter onde morar. Imediatamente respondi e conversamos ao telefone. Ela me contou o que acontecera.

Dentro de uma semana após ser deportado de volta para os EUA, Will Jordan tinha entrado em pelo menos um site de namoro e conhecera uma nova vítima. Como uma mãe solo de 30 e poucos anos, ela tentara tomar muito cuidado com quem conhecia online e, então, ao receber uma mensagem de um homem calmo e estável, sentiu-se segura de que ele seria um bom partido. O homem tinha 39 anos, se chamava Will Allen e tinha acabado de voltar do Reino Unido. Ela sentia muita empatia por este homem, porque ele tivera uma vida muito difícil. Na infância, fora severamente agredido pela mãe, e o pai enviara-o inicialmente para o Canadá, ainda criança, para evitar que ela abusasse dele ainda mais. Depois disso, ele foi adotado por parentes britânicos em Oxford e estudara lá. Ficou em Oxford até obter o doutorado e, em seguida, conseguiu um emprego trabalhando para o FCO (Foreign & Commonwealth Office).* O FCO o transferiu para Tóquio, aonde ele foi com "M" (apelido de Will Jordan para uma namorada a quem ele uma vez referiu-se como Megan). "M" o traíra, no entanto, engravidando e

---

*   Correspondente, no Brasil, ao Ministério de Relações Exteriores.

tendo o filho de outro homem. Ele reclamou que "M" havia destruído a sua vida e quase arruinado a sua carreira, então voltou para o Reino Unido e depois voltou enfim para os EUA para trabalhar para o FCO e para o Banco Barclays. Ele decidira fazer as pazes com a mãe, que a essa altura estava extremamente doente e morrendo. Will Allen odiava os seus pais, mas sentia que precisava acabar com os fantasmas.

Como resultado das suas experiências com a mãe, ele não tivera muitos relacionamentos nem muita experiência com mulheres. Nunca casara e não tinha filhos.

Will Allen escreveu longos e lindos e-mails, tinha boas maneiras, ótima conversa e era um adulador fluente. Parecia muito gentil e amoroso com o filho dela. Ele era excelente na cama, bom cozinheiro e educado com todos os seus amigos, vizinhos e até o seu ex-marido. Parecia o homem perfeito.

Depois que ela o conheceu melhor, descobriu que ele estava sendo chamado para servir como Adido Financeiro da Embaixada Britânica em Washington. Além disso, ele tinha um cargo no Banco Barclays como Diretor de Estratégias Cooperativas no Reino Unido e fora chamado para desenvolver uma equipe semelhante nos EUA e na América Latina nos três anos seguintes. Ela até viu o seu passaporte no nome de Will Allen, que foi carimbado pela Embaixada Americana em Londres junto de um texto ilegível e as palavras "Adido Diplomático".

Em junho de 2009, eles descobriram que ela estava grávida. Will Allen estava encantado por ter o seu "primeiro" filho e eles decidiram morar juntos. Conforme o relacionamento progredia, tudo ia bem, até que as coisas começaram a ficar um pouco estranhas. As contas não eram pagas e o dinheiro começou a ficar apertado. Em seguida, o dinheiro desapareceu da conta bancária relativamente saudável dela. Enquanto ela tentava resolver isso, Will Allen a convenceu a mudar-se para uma casa nova com ele e foi assinar os papéis. Eles empacotaram todos os seus pertences (principalmente os dela), colocaram tudo em uma van e ela a dirigiu com o seu filho para a nova casa. No entanto, já havia alguém morando lá, e a pessoa da casa não sabia nada sobre vender o lugar e a mandou sair do local. O agente imobiliário também não sabia nada sobre isso. Além disso, o telefone de Will Allen não atendia e ela não tinha outra maneira de contatá-lo.

Por fim, confusa e preocupada, ela conferiu as suas contas bancárias e descobriu que 10 mil dólares tinham sumido. Ela me disse que ele havia descontado um cheque deixando um nome diferente nos detalhes — o nome William Allen Jordan. Ela imediatamente procurou o nome online e, para o seu horror, encontrou o meu site e fotos dele.

Ela estava atordoada.

Ela foi à polícia, mas eles não achavam que um crime tinha sido cometido e disseram que não havia nada que pudessem fazer. Então ela me mandou um e-mail.

Conversamos bastante, e percebi que ela era uma mulher inteligente e gentil que ficara completamente abalada com o ocorrido. Inicialmente, ela estava com medo de que ele viesse atrás dela depois de ela descobrir a sua verdadeira identidade, mas o medo rapidamente transformou-se em raiva. Por fim, ela decidiu afastar-se por completo e ficar longe dele e da situação. Decidiu não manter contato comigo e criar os filhos sem nenhum conhecimento sobre Will Jordan — o que, claro, é a sua escolha. Eu lhe disse que a minha porta estaria sempre aberta.

As duas vítimas seguintes vieram em rápida sucessão em dezembro de 2009, com histórias muito semelhantes à última. Elas sobrepunham-se umas às outras. Em todas as vezes, Will Jordan conhecera as mulheres online, as seduzira e prometera uma vida juntos, roubara dinheiro e as deixara desamparadas. Ele falara a elas que trabalhava para o Ministério Britânico de Relações Exteriores. Até mostrou o passaporte e a certidão de nascimento, que afirmavam que o seu nome era William Allen e que ele tinha nascido em 1970. (A data real de nascimento é 22 de maio de 1965.) Passava-se por britânico, ou americano criado no Reino Unido por pais adotivos (ou uma tia que era professora universitária). Contou histórias de abuso infantil por uma mãe que o jogou escada abaixo, ou parceiras anteriores que abusaram fisicamente dele. As histórias repetiam padrões que giravam em torno de temas semelhantes.

Ele estava definitivamente pronto para usar os seus velhos truques de novo e não mostrava nenhum sinal de reduzir a velocidade.

casei com um
PSICOPATA
Mary Turner Thomson

JOGOS PSICOLÓGICOS

Depois de deportado, Will Jordan retomou contato com a sua ex-mulher no Reino Unido. Ela ainda me ligava com regularidade e conversávamos no telefone duas ou três vezes por semana. Ela me disse que ele entrara em contato e queria que ela fosse para os Estados Unidos com as crianças para ficar com ele de novo. Claramente ficou mexida, mas conversar comigo sobre isso pareceu acalmá-la um pouco.

Uma vez ela me ligou muito animada. Tinha acabado de ser contatada pelo psiquiatra de Will Jordan, nos EUA, que estava tratando a sua mentira patológica.

"Ele finalmente procurou tratamento e quer melhorar", disse ela, falando rápido e com uma voz ligeiramente aguda. "O psiquiatra queria falar comigo para saber o que é verdade, para poder tratar melhor a patologia de Bill. Conversamos por mais de uma hora sobre o tratamento e sobre o que Bill está fazendo para se recuperar. Ele realmente quer ser curado."

"Respira", falei, "e mantenha a calma. Você precisa dar um passo para trás."

Eu conhecia bem essa rotina e sabia que devia suspeitar de qualquer princípio básico vindo desse homem.

"Em primeiro lugar", eu disse, "um psiquiatra nunca, NUNCA ligaria para a ex-esposa de alguém para verificar qualquer coisa que o seu paciente tenha dito. Seria totalmente antiético e contra todas as regras. Portanto, a única conclusão lógica é que a pessoa que ligou para você foi, na verdade, o próprio Will Jordan."

Ela rapidamente percebeu que eu estava certa. Não poderia ser outra pessoa. Ela descreveu esse "psiquiatra" como alguém com um forte sotaque americano e uma voz muito diferente da de Will. Eu a aconselhei a não o entreter porque não valia a pena, mas ela decidiu dar corda. Ela falou com o "psiquiatra" de novo por algumas horas e notou que o sotaque começou a dar umas escorregadas. O "psiquiatra" tentou estabelecer a base para sugá-la de volta para a sua vida, mas saber que era ele a fez perceber o que Will Jordan estava fazendo. Ela não ficou balançada. Ao perceber que o estratagema não estava funcionando, o "psiquiatra" não telefonou mais.

Outra vez, ela me ligou com uma voz frenética e disse: "Ele está morto! Tomou um tiro".

Até certo ponto, eu não ficaria surpresa se alguma vítima, ou membro da família de uma vítima, tivesse surtado e decidido acabar com a vida de Will Jordan. Contudo, eu estava agora condicionada a não reagir nem acreditar em nada que não fosse provado e verificado externamente quando se tratava dele. Então, sem vacilar por um segundo, rebati: "Como você sabe? Quem te disse?".

Ela me disse que o seu filho mais velho ouvira da irmã adotiva de Will que ele levara um tiro e morrera no dia anterior. A outra esposa reunira os filhos, contara para eles e depois me ligara.

"Existe alguém que possa verificar isso? Qualquer pessoa que você conhece que pode ligar?"

"Posso falar com o tio dele", sugeriu ela.

"Ok. Faça isso, depois me ligue de volta", respondi.

Dez minutos depois ela ligou de novo, muito mais quieta e moderada. "Ele não está morto", disse, simplesmente. "Seu tio o viu vivo e bem hoje de manhã."

Não tenho certeza do que ele estava tentando conseguir lhe informando que estava morto. Suspeito que tenha sido para me/nos impedir de prestar atenção ao que ele estava fazendo, ou talvez fosse apenas para continuar manipulando os filhos deles e ela. Talvez tenha sido só um ato impulsivo projetado para mexer com a cabeça da sua ex-mulher de novo. Mas uma coisa parecia evidente: ele ainda tinha pessoas para ajudá-lo.

Quando Will Jordan foi deportado, entrei em contato com a Polícia Estadual de New Jersey em 2009 para informá-los de que um criminoso sexual condenado agora morava lá e deveria ser registrado de acordo com a Lei de Megan. Essa lei afirma que não importa onde você foi condenado por um crime sexual, você deve estar registrado como criminoso enquanto estiver morando nos Estados Unidos.

Esse é o registro online nos EUA para todos os criminosos sexuais, criado depois que Megan Kanka, de 7 anos, foi sequestrada, estuprada e assassinada pelo vizinho em maio de 1997. Os seus pais disseram que nunca a teriam deixado brincar na rua se soubessem que o vizinho era um criminoso sexual condenado (ele a atraiu para a sua casa para conhecer o seu novo cachorro). A declaração gerou protestos por todo o país e levou à aprovação da Lei de Megan, exigindo que as comunidades sejam notificadas quando um agressor sexual se muda para a vizinhança.

A mulher com quem falei na Polícia Estadual de New Jersey disse que o caso de Will Jordan não era relevante porque eles interpretavam que tal lei queria dizer "não importa onde nos *Estados Unidos* você tenha sido condenado". Ela me disse que diferentes países têm diferentes leis, e algo que pode ser considerado um "crime sexual" na Arábia Saudita pode não ser considerado como tal nos EUA. Horrorizada, eu disse que a lei britânica não era tão diferente da lei americana e que ele era um pedófilo condenado por crime sexual contra uma garota com menos de 13 anos! A policial apenas desconversou, dizendo que era a lei.

Até falei com a Interpol e o policial que lidou com o caso de bigamia de Will Jordan no Reino Unido, lhes pedindo para entrarem em contato com a polícia de New Jersey, mas não tive sorte.

No fim das contas, a funcionária da Polícia Estadual de New Jersey estava errada. Em 2008, a lei mudara para abranger qualquer pessoa condenada por crimes sexuais nos EUA, Reino Unido, Canadá e Austrália. Se a pessoa se mudasse para os Estados Unidos, tinha que ser registrada, assim como todos os condenados no país.

Foi extremamente frustrante saber que havia um predador sexual e psicopata perambulando pelos EUA, que *deveria* por lei registrar o seu endereço para ajudar a proteger as crianças e comunidades à sua volta. Embora eu tivesse passado por uma série de becos sem saída, eu não desistiria. Esse não seria o fim da história.

Ao longo dos anos, eu tinha feito exames de faixa de taekwondo em todas as oportunidades e agora usava uma tarja preta na faixa (uma etapa antes da faixa preta). Então, um dia, a minha confiança física foi testada enquanto eu passeava com o cachorro e com as minhas duas filhas mais velhas.

Era uma tarde ensolarada de sexta-feira e o horário escolar tinha terminado. O meu filho ainda estava no berçário, então eu estava passeando com o cachorro em um parque da cidade, com Robyn, agora com 10 anos, e Eilidh, com 7. Nós notamos um grupo de oito adolescentes, entre 15 e 18 anos, meninos em sua maioria, fumando e conversando encostados na parede de uma escola primária.

Notei uma pequena pilha de folhas e gravetos queimando no muro da escola a alguns metros do grupo e perguntei se era deles, pensando que o fogo podia ter sido iniciado por acidente, por uma bituca de cigarro jogada no chão. Houvera uma onda de "incêndios provocados" em Edimburgo recentemente e eu estava ciente de que era algo para se ter cuidado. Os adolescentes todos balançaram a cabeça, então apaguei o fogo.

Assim que terminei e comecei a me afastar, um dos adolescentes aproximou-se, riscando uma caixa de fósforos enquanto eles avançavam de volta ao local da fogueira agora apagada.

"Ah, então essa fogueira é de vocês", eu disse, pegando o meu celular para chamar a polícia conforme continuava me afastando.

"Ela vai chamar os cana!", disse um dos adolescentes.

Tive uma ideia melhor, porém, e me virei para eles fingindo tirar fotos. (O engraçado é que o meu telefone não tinha esse recurso!) Foi como se eu tivesse jogado uma granada no grupo. Cinco dos oito adolescentes fugiram. Honey, a minha cachorra, então com um ano de idade, pensando que aquilo era uma grande brincadeira, latiu em um frenesi e correu com eles. Os que estavam correndo gritaram e correram mais rápido, pensando ser perseguidos. Os outros três levantaram o capuz, prontos para me enfrentar.

O líder da gangue começou a gritar ameaças para mim. Ele fez a forma de uma arma com as duas mãos e gesticulou uma "arma" para cima e outra para baixo. Eu só tinha visto algo parecido na TV. O garoto estava obviamente tentando parecer "durão" enquanto rosnava: "Vou ACABAR com VOCÊ!".

Me senti muito calma. Eu tinha que me defender regularmente contra quatro outros faixas pretas (todos ao mesmo tempo) enquanto treinávamos, e eu podia facilmente me garantir. Também sabia que nunca mais deixaria um homem, muito menos um adolescente, tentar me intimidar mental ou fisicamente de novo.

"Ah", respondi, despreocupada, "sério?", me certificando de que as minhas filhas estavam atrás de mim. Eu não iria deixá-las ter medo.

"Aham", acrescentou ele, "vou quebrar a porra da sua cara!"

Tranquila, comecei a caminhar em direção a ele e seus dois amigos, que agora estavam parados atrás do líder.

"Bom", falei, dando um passo à frente, "você tem que considerar duas coisas."

"Ah, é? O quê?", perguntou ele, ligeiramente perplexo por eu não estar com medo.

"Em primeiro lugar, quão fortão você vai parecer ao tentar bater em uma mulher de 40 anos? E, em segundo lugar..." Dei mais alguns passos, de forma que eu estava bem na frente dele, nariz com nariz. "Você tem que considerar que TALVEZ... NÃO... GANHE!"

Nesse momento, o adolescente pareceu assustado e se encolheu. Não posso levar todo o crédito, no entanto, porque enquanto tudo isso estava acontecendo, Robyn, a minha filha mais velha, estava puxando o meu casaco com força e repetindo, frenética: "Mãe, mãe! Não machuca ele, mãe! Não machuca ele".

Amo o fato de a minha filha ter tanta fé na minha habilidade não apenas de nos defender, mas também de ferir alguém. Acho que foi mais a confiança dela em mim, e não a minha própria, que o fez recuar.

A minha cachorra voltou, abanando o rabo, e nos afastamos daquela cena, com a esperança de ter feito esses adolescentes pensarem duas vezes sobre as suas ações, o que provavelmente não vai acontecer. No entanto, as minhas filhas aprenderam a não ter medo e aprenderam que a confiança física é importante.

Eu treinava bastante no taekwondo e estava muito focada em conseguir a minha faixa preta. Não é uma coisa fácil de fazer, mas me ajudou a focar em não apenas sobreviver, mas construir a minha confiança outra vez. Cada exame de faixa me desafiava e me levava para frente, passo a passo. Faixa amarela, faixa verde, faixa azul, faixa vermelha com tarjas no meio. Cada grau significa mais habilidade, mais força, mais poder e mais controle. Eu tive que estudar para aprender as palavras e os comandos coreanos, bem como a história e significado de cada sequência de movimentos. Não é apenas um esporte físico, é um treinamento mental também. Existem cinco princípios pelos quais se deve viver — gentileza, integridade, perseverança, autocontrole e espírito indomável. Eu acreditava em todos eles e os ensinei aos meus filhos. Além disso, as pessoas com quem eu treinava tinham se tornado uma família para mim, todos mais jovens do que eu e, em maioria, homens.

O exame da faixa preta foi extraordinário. Não só tive que demonstrar todas as sequências e fazer uma prova escrita, mas também tive que lutar com outro faixa preta. Depois tive que lutar contra dois faixas pretas e, em seguida, três. Por fim, tive que demonstrar que eu poderia me defender de um ataque de outros quatro faixas pretas. Você pode ver porque um grupo de três adolescentes não qualificados parecia uma opção bastante fácil!

As crianças começaram todas a fazer taekwondo também e mostraram uma ótima evolução. Era ótimo podermos praticar um esporte juntos, diferente de outras aulas, como dança ou futebol, em que eu ficava apenas parada, assistindo, ou esperando do lado de fora até que terminassem. O taekwondo também estava mostrando-se útil para todos eles na vida. Ajudou Robyn com a ansiedade de separação. Eilidh conseguiu diminuir a incidência de crianças fazendo bullying com outras no parquinho apenas por caminhar até os agressores — que com frequência eram muito mais velhos do que ela — e dizer-lhes que parassem. E Zach já estava fazendo taekwondo por uns dois anos quando começou a escola. Havia um menino em sua classe que costumava intimidar fisicamente os outros meninos, mas ele nunca fez nada ao Zach e aos seus amigos. Zach até recebeu uma menção honrosa da escola por defender uma menina que os colegas estavam incomodando.

Conseguir a minha faixa preta foi um momento extremamente importante. Tenho orgulho disso até hoje. Recomendo totalmente para qualquer pessoa que já foi vitimada de alguma forma ou apenas para ajudar a aumentar a autoconfiança. Fazer taekwondo (ou qualquer outra arte marcial) não tem a ver só com luta. É uma comunidade; é preparo físico, força, amizade e defesa, tudo envolto em uma melhora na confiança física. Foi algo de que eu precisava muito naquela época e fez uma grande diferença na minha vida.

casei com um
PSICOPATA
Mary Turner Thomson

MÉXICO

Outro ano se passou e outra vítima, em choque, entrou em contato comigo do México. Era 2010. Juan estava muito preocupado com a irmã, pois ela estava, naquele momento, em um relacionamento com Will Jordan e Juan acabara de descobrir a sua verdadeira identidade. Ele me disse que Will Jordan não apenas enganara a sua irmã, mas arruinara toda a sua família financeiramente. Juan me pediu para conversar com a sua irmã e ajudá-la a libertar-se dele. Topei imediatamente e procurei Amabel, que me contou toda a sua história.

Amabel, de nacionalidade mexicana, trabalhava com crianças com síndrome de Down. Aos 23 anos, ela entrou em um site de namoro porque ouvira muitas histórias sobre casais felizes que tinham se conhecido online e queria ter um relacionamento feliz e saudável também. A família dela não sabia de nada disso, mas ela pensou em apenas experimentar. Quase imediatamente foi contatada por um homem chamado Bill Jones. Ele parecia ser legal e disse que não tinha muita experiência com relacionamentos, assim como Amabel. Bill era extremamente educado, parecia muito gentil e era muito charmoso e disposto a ajudar. Desde o início, Bill falava sobre casamento e sobre a possibilidade de morarem juntos.

Eis aqui um homem alto e bonito da Grã-Bretanha que trabalhava para um banco britânico conhecido. Ele disse que tinha 36 anos (nove anos mais jovem do que realmente era, aos 45).

Os e-mails eram longos e eloquentes, e embora Amabel sentisse que esse homem era provavelmente um pouco velho para ela, havia uma grande sensação de que eles apenas "combinavam". A conversa fluía entre os dois e pareciam ter muito em comum.

Muito rapidamente começaram a se falar pelo telefone e, de novo, Amabel sentiu-se muito confortável com ele. Bill Jones dizia coisas tão lindas e a fazia sentir-se muito especial. Tudo estava tão perfeito que pareceu a ela que tinha encontrado o seu par.

Ele a convidou para ir aos EUA para se encontrarem, mas Amabel sugeriu que, em vez disso, ele fosse para o México, então ele largou tudo e foi para o sul.

Os primeiros dias após a sua chegada foram perfeitos. Ele era tudo que prometera ser: educado, atencioso, gentil e um homem muito amoroso. Amabel sentia-se cuidada e amada. Bill Jones parecia ter dinheiro de sobra e estava gastando generosamente com ela. Ele estava morando em um apart-hotel e queria que ela fosse morar com ele o mais rápido possível.

Parte da sua bagagem fora retida pelo pessoal da alfândega, junto de alguns cartões de crédito, e ele tinha que esperar cerca de duas semanas para recuperá-los.

Bill prometeu que eles construiriam uma vida juntos e ele moraria no México com ela. Uma semana depois de ele se mudar para o México, Amabel decidiu morar com ele. Foi muito mais rápido do que ela faria em geral, mas parecia um romance acelerado e Amabel tinha uma forte sensação de que "quando você sabe, você sabe". Então arrumou as suas coisas e se mudou para a suíte de hotel dele.

Ele lhe disse que tinha bastante dinheiro e um bom emprego no Banco Barclays e o seu escritório estava preparado para deixá-lo se mudar. Um homem chamado Alex Armitage telefonou e falou com Amabel quando Bill estava fora — parecia ter um sotaque bem britânico, que soou bem exagerado no telefone. Alex deixou uma mensagem para Bill dizendo que ele agora estava encarregado da sua transferência e seria o contato para qualquer coisa relacionada à mudança. Alex ligou algumas vezes e deixou mensagens ou falou com Amabel sobre os problemas que eles estavam tendo para abrir as contas bancárias, e repassou detalhes para Bill e a realocação. Tudo seria resolvido muito em breve, disse ele, e ela precisava aguentar firme e esperar mais um pouco.

Bill mostrou a Amabel um extrato que mostrava que ele tinha pelo menos 500 mil dólares na conta, mas disse que simplesmente não conseguia ter acesso ao dinheiro naquele momento. Nesse meio-tempo, Bill pediu a Amabel para criar uma conta bancária no nome dela para ele. Amabel aceitou e começou a tentar fazer isso, mas o banco continuou atrasando as coisas e cometendo erros.

Quase imediatamente após Amabel ter se mudado para a suíte de Bill, ele sugeriu que eles começassem a procurar um apartamento próprio para morarem juntos.

Eles encontraram um apartamento bem rápido e Amabel teve que assinar toda a papelada porque Bill não era mexicano e não tinha visto de permanência; tudo tinha que estar no nome dela. Bill pagou o depósito por uma transferência online que, de alguma forma, nunca apareceu, então, em vez disso, ele pagou com um cheque de 3 mil dólares, assinado em nome de Will Jones.

Logo depois que Amabel se mudou, começaram as questões financeiras. Bill tentara mover contas bancárias e dissera a ela que a sua conta original fora configurada, mas estava bloqueada, e a nova conta ainda não tinha sido aberta. Ele alegou que havia pessoas incompetentes no seu escritório que eram responsáveis pela lentidão nas transferências e por dígitos errados nas contas. Todas as fontes de que Bill normalmente tiraria o dinheiro secaram de repente, e o dinheiro que tinha nos cartões estava inacessível.

Amabel começou a pagar as coisas sozinha com o seu salário. Mas não era o suficiente. Eles precisavam de mais dinheiro para fechar o orçamento e, assim, Amabel pediu 30 mil pesos emprestados à sua mãe para ajudá-los. Nas três semanas seguintes, Amabel conseguiu mantê-los estáveis.

Enquanto isso, Bill decidiu sair do banco e abrir um restaurante no México. No entanto, ele precisava de ajuda para montar o negócio e contratou o irmão de Amabel, Juan, para isso. As coisas sempre pareciam a ponto de entrar nos eixos e Bill até sugeriu que ele e Amabel fossem passar férias juntos. Ele pediu a ela para lhe dar o seu passaporte, certidão de nascimento e outros documentos da escola dela para que pudesse comprar passagens e eles saíssem de férias em outubro de 2010.

Depois de pouco tempo, Juan percebeu que algo estava muito errado. Bill não tinha dinheiro para pagá-lo nem para comprar nada para o restaurante. Bill disse que o seu passaporte e carteira tinham sido roubados, o que atrasou ainda mais as coisas. Juan começou a investigar. Ele ficou no hotel um dia, quando Bill e Amabel saíram e verificou tudo que pertencia ao Bill. Não encontrou nada incriminador, mas Juan não conseguia afastar a suspeita.

Então, um dia, Bill deixou a mochila e Juan a revistou. Nela, encontrou documentos, uma dúzia de cartões de crédito com nomes diferentes e dois passaportes, um fraudulento e outro no nome de William Allen Jordan. Ele procurou o nome na internet e ficou horrorizado ao ver fotos, artigos e informações sobre este golpista internacional e predador sexual em série.

Foi quando Juan me procurou e me contatou por e-mail, perguntando se eu falaria com a irmã dele. Concordei de imediato e comecei a conversar com ela. Amabel ficou muito abalada, mas expliquei que não era nada que ela tivesse feito, e que ela não merecia ser tratada dessa forma. Ouvi a sua história e a ajudei a ver, ao longo de cada passo do caminho, o que era verdade e (principalmente) o que não era.

A família de Amabel se reuniu e a tirou do hotel naquela noite, deixando para trás todos os seus pertences, incluindo computador, roupas e documentos.

Primeiro, Amabel disse a Will que estava com problemas familiares e que logo estaria com ele de novo. Então falou com o dono do hotel e combinou de pegar as suas coisas quando Will não estivesse lá. Ela pegou tudo, exceto o passaporte e a certidão de nascimento, que Will Jordan tinha guardado em um arquivo na sua mochila.

Amabel procurou a Interpol e a polícia, mas ninguém se interessou pelo caso e simplesmente mandaram-na embora. Enfim um policial interessou-se pelo fato de que Will Jordan ainda tinha o passaporte dela e pensou que ele poderia ser preso por roubo, mas, assim que a polícia foi envolvida, Will Jordan desapareceu. Amabel recebeu os documentos pelo correio.

Will Jordan inicialmente ligou e mandou mensagens para Amabel para tentar dissuadi-la. Ele jurou que tinha motivos para fazer o que tinha feito e nem tudo era o que parecia. Até prometeu enviar provas, que nunca foram apresentadas.

Todo o relacionamento com Will durou pouco mais de um mês, mas a devastação que Amabel sente vai durar a vida toda. Nas primeiras semanas depois que Will foi embora, Amabel sentia medo o tempo todo. Ela sentia como se estivesse sendo seguida e que ele poderia aparecer de repente e tentar machucá-la. Quando percebeu que esse não era o seu estilo e que ele provavelmente nunca iria contatá-la de novo, ela começou a relaxar, mas ainda se sentia muito insegura. Sentia-se envergonhada e com muita pena de si mesma e da sua família.

Amabel e a sua família tiveram que pagar cerca de 4 mil dólares em multas para a imobiliária para rescindir o contrato do apartamento.

Amabel demoraria muito para confiar em alguém novamente. A cada vez que tinha a oportunidade de desenvolver um relacionamento, perguntava-se se a pessoa por quem estava atraída tinha más intenções e o que poderia dar errado. Nós continuamos amigas e continuamos em contato. Outra desconhecida que nunca encontrei pessoalmente, do outro lado do mundo, mas com quem compartilho uma compreensão completa do que cada uma de nós passou.

Depois de julho de 2010 e a história de Amabel, o silêncio foi total e a onda de novas vítimas parou. Eu sabia que ou Will Jordan tinha mudado o nome para impedir que as pessoas descobrissem sobre o seu passado ou estaria na prisão outra vez. No entanto, era inevitável que, algum dia, alguém entraria em contato. Era só questão de tempo.

casei com um
PSICOPATA
Mary Turner Thomson

HIPNOTIZADOR

Depois do sucesso com a autobiografia, eu queria escrever um romance — dessa vez sobre hipnose de regressão. É um thriller que tem a ver com isso, então comecei a pesquisar sobre hipnose porque precisava entender o processo. Entrei em contato com alguns hipnotizadores para perguntar se eu poderia entrevistá-los e também se poderiam me hipnotizar e me deixar gravar para fins de pesquisa. Desses encontros, um se destacou.

Quando o hipnotizador abriu a porta, havia um cara bonito com cabelo grisalho, boa aparência, estatura mediana. Apenas um cara normal. Mas, assim que as nossas mãos se tocaram, senti uma atração química, e era óbvio que ele também a sentia. Ele tinha um olhar intenso e fazia contato visual comigo intimamente. Deixei para lá essa sensação, pensando no quanto eu estava sendo óbvia sobre a minha atração por ele — e segui para a entrevista. Conversamos sobre o seu passado. Ele começara trabalhando na polícia, mas ficara desiludido com a falta de mudanças positivas que era capaz de fazer na comunidade e com o fato de a sociedade parecer tão sombria. Então, em seguida, foi para um seminário e estudou teologia, tornando-se pastor por um tempo. No entanto, ele não sentia que estava ajudando muitas pessoas nessa função, então saiu e tornou-se assistente social. Depois de anos fazendo isso, estudara hipnose e descobrira que era apaixonado por quanto isso ajudava as pessoas a superar questões difíceis e fazer mudanças reais nas suas vidas. Enfim ele tinha descoberto o seu lugar.

Eu estava fascinada. Enquanto o homem falava, ele olhava para mim com aqueles olhos intensos. Eu estava muito atraída por ele, e instintivamente senti uma enorme conexão, mas ao mesmo tempo estava bastante indiferente no nível mental. Esse homem era claramente um psicopata. Fiquei ainda mais fascinada porque agora eu podia ver isso com tanta nitidez. O seu foco em mim era inebriante. Ele falava sobre si mesmo, mas dava a entender que estava tentando me impressionar. A sua linguagem corporal refletia a minha enquanto ele espelhava os meus movimentos e sutilmente me elogiava em várias coisas. Ele estava começando a fazer o *love-bombing* comigo.

Sabendo o que eu sabia agora, podia entender o que estava acontecendo. Com certeza eu sentia a atração desse homem, mas a minha compreensão de como psicopatas funcionam me protegia como um escudo.

Passamos pela sessão de hipnose, que eu estava gravando (não acho que eu teria levado isso adiante de outra forma), mas não fui até o fim. Eu estava muito ciente de que não queria dar a este sujeito um passe livre para a minha mente. A sessão foi muito útil e me deu algumas boas dicas sobre hipnose para o livro. Também me provou que agora eu podia identificar um psicopata. Verdade seja dita, isso não foi muito difícil, pois as três profissões em que as pessoas tóxicas e controladoras atuam são a polícia, o clero e o serviço social, porque são profissões que lhes permitem controlar outras pessoas com facilidade. (Por favor, note que não estou sugerindo que todas as pessoas nessas profissões são psicopatas.)

Antes de eu sair, ele me disse (de uma forma bastante "prática") que estava claro para ele que acabaríamos juntos, mas que eu precisaria decidir quando o momento certo chegasse. Senti uma atração extraordinária por ele, uma atração instintiva e intensa que me intrigava, mas saber o que ele era me permitiu resistir. Eu não seria seduzida.

Na semana seguinte, eu iria ao Festival do Livro de Edimburgo. Jon Ronson falaria sobre o seu livro *O Teste do Psicopata* e tinha me convidado para acompanhá-lo. Então convidei o hipnotizador para vir (como um agradecimento por me permitir entrevistá-lo). Eu sabia que as minhas irmãs estariam presentes e queria saber o que pensariam dele. Deixei um ingresso de cortesia para ele na porta e ele se encontrou com todas nós no bar após o evento. Todas as minhas amigas o acharam muito charmoso e estavam muito satisfeitas por eu ter conhecido alguém que estava obviamente tão interessado em mim.

A minha irmã mais velha, Lisa, me chamou de lado e disse: "Não chegue nem perto dele!".

Apenas sorri de volta e respondi: "Eu sei. Só queria ver se você notaria".

Quando ele foi embora mais tarde naquela noite, olhou atentamente nos meus olhos de novo e disse: "Nós fomos feitos um para o outro, mas posso ver que você ainda não está pronta, então entre em contato quando estiver".

Despedi-me e voltei para beber mais um drink com as minhas irmãs. Nunca fiquei tentada a contatá-lo, nem mesmo por um momento, e não pensei nele de novo até escrever esse capítulo!

Eu estava muito cautelosa com os homens, mas, agora que era capaz de detectar os sinais de alerta, me sentia muito mais confiante em relação às pessoas. Depois de alguns anos solteira, tive um breve relacionamento com um dos amigos mais próximos do meu irmão — alguém que eu conhecia havia trinta anos, então era uma aposta segura.

Ele era adorável e beijava muito bem. Não gostava de ficar grudado no celular quando estava com alguém, e era confiável. Quando dizia que faria alguma coisa, me ligar, ou me encontrar, fazia exatamente isso, e de forma pontual. Tudo isso era tão completamente oposto ao meu relacionamento com Will Jordan. Foi ótimo por alguns meses. Ele gostava que eu fosse uma autora internacional de best-sellers e dizia que se sentia como se estivesse namorando uma celebridade. No entanto, embora estivesse separado da esposa e vivesse sozinho, ainda era legalmente casado e sentia-se culpado por ter um relacionamento com outra pessoa. Novamente, tão diferente de Will Jordan. Ele não queria se divorciar porque não queria desagradar os filhos. Então nos separamos depois de apenas três meses, de forma respeitosa. Fiquei triste, mas entendi que as crianças vêm em primeiro lugar. Foi bom que a última pessoa a me mostrar carinho e intimidade não era mais Will Jordan e senti que eu havia recuperado o meu corpo dele, assim como a mente, a confiança, as finanças e emoções, num passo a passo cuidadoso.

Os meus filhos ainda eram pequenos. Então decidi que não precisava ou queria outro relacionamento e que é muito melhor ser feliz e sozinha do que apresentar as crianças a outro homem que arruinaria a nossa família. Tomei a decisão consciente de permanecer solteira — certamente até as crianças ficarem mais velhas.

casei com um
PSICOPATA
Mary Turner Thomson

BATISMO DE FOGO

Em 2010, embora estivesse ficando mais confiante em algumas áreas, comecei a me tornar menos confiante em outras. Mais uma vez comecei a sentir que estava vivendo com medo. Will Jordan não estava mais confinado e tinha claramente voltado a vitimizar mulheres. Quando eu era contatada pelas novas vítimas sabia pelo menos aproximadamente onde ele estava e o que estava fazendo, mas a comunicação vinda dos EUA e do México calara-se. Will Jordan desaparecera e nenhuma outra vítima apresentava-se. Eu sabia que ele não tinha parado, mas apenas mudado o nome ou feito algo para garantir que as vítimas não descobrissem quem ele era. Embora não tivesse permissão para voltar ao Reino Unido, eu ainda tinha medo de que pudesse dar um jeito e isso me deixava cautelosa. Eu sentia que a minha vida estava mais limitada por causa disso.

No final da década de 1990, eu havia saltado de *bungee jump* — o que por si só já é toda uma outra história — e tinha aprendido uma lição muito valiosa. Quando eu estava na plataforma sobre o deslumbrante Mar Mediterrâneo, o homem responsável pelo negócio disse: "Quando você é jovem, não tem medo. Conforme envelhece, você constrói muros para se proteger. É mordido por um cachorro e começa a ter medo de cães. Vê alguém sendo atropelado por um carro e fica nervoso ao atravessar a rua. Você começa a fazer o mesmo caminho para o trabalho todos os dias, fala com as mesmas pessoas e assiste aos mesmos programas de TV. Você entra em uma rotina — que é apenas um túmulo sem as extremidades. A sua zona de conforto fica cada vez mais restrita, pois há menos coisas com as quais se sente confortável. Esses muros formam uma caixa, e ela fica cada vez menor. Você trabalha, vai para casa, assiste à TV e dorme, depois se levanta e faz tudo de novo, com muito medo de viver ou experimentar algo diferente. Este *bungee jump* está tão fora da zona de conforto que quebra os muros da sua caixa para sempre. Você vai vencer o próprio medo. Você tem uma escolha agora. Pode se libertar e seguir em frente, ou pode voltar para a caixa, continuar a ter medo e enfrentar as consequências da inação. Se fizer isto... se der este salto... vai destruir essa caixa e ser livre!".

Sem fazer uma pausa, ele então disse que faria uma contagem regressiva e eu teria que decidir se saltaria ou não.

Ele contou: "5, 4, 3, 2, 1!".

Mergulhei no ar 45 metros acima do oceano cristalino e gritei por todo o caminho até lá embaixo.

Ele estava certo, entretanto. Isso destruiu os limites do meu mundo e me abriu para enfrentar medos em vez de fugir deles.

Então, agora, sempre que sinto que estou ficando com medo de novo, tento fazer alguma coisa que vai derrubar esses muros antes que eles possam se construir de novo. Em 2010, decidi que precisava fazer algo drástico. Eu estava me tornando fisicamente confiante com o taekwondo, mas não estava emocionalmente confiante. Uma amiga me contou sobre um fim de semana de caminhada sobre o fogo no norte da Inglaterra, e decidi ir junto. Foi outra experiência extraordinária. O homem que estava organizando o evento era uma pessoa pujante e o primeiro dia foi uma grande preparação para a caminhada sobre o fogo daquela noite. Havia várias palestras motivacionais e exercícios para nos tornar confiantes o suficiente para superar o medo e caminhar descalços sobre o carvão em brasas.

O problema era que o cara que dirigia o curso me parecia bastante familiar. Ele nos disse que tinha sido um oficial de inteligência e servira por dezenove anos no SAS (o Serviço Aéreo Especial) como um treinador especialista em técnicas de interrogatório. Ele contou ao grupo sobre experiências na Irlanda do Norte e no Iraque, e, de fato, escrevera uns dois livros sobre isso também. O grupo estava encantado ao ouvi-lo, cada um deles atento a cada palavra sua — mas isso apenas me lembrou da maneira como Will Jordan falava sobre as suas experiências e eu simplesmente não acreditei nele. Pensei comigo que isso não importava e que ele não estava tentando entrar nas nossas vidas, apenas tentava nos animar o suficiente para que pudéssemos superar os nossos medos. Ouvi com ceticismo, o que me impediu de ficar motivada e então tentei me animar sozinha em vez disso. Fizemos vários exercícios, e eu consegui quebrar um pedaço de madeira de 2,5 cm de espessura com a palma da minha mão na primeira tentativa — o treinamento de taekwondo ajudou nisso. Então veio a hora de acendermos o fogo.

Todos nós ajudamos a empilhar a lenha e acender o fogo, e assistimos enquanto ele queimava e finalmente espalhava as brasas incandescentes em um círculo de mais ou menos 4,5 metros de largura. Em seguida, tiramos os sapatos e as meias e levantamos a barra das calças.

Um por um, os colegas participantes caminharam descalços sobre as brilhantes brasas vermelhas. Fiquei ao lado e desejei que os meus pés se movessem, mas nada aconteceu. Eu era a única que ainda não tinha feito a caminhada — alguns dos outros já tinham andado sobre o fogo várias vezes, mas eu ainda estava congelada. Por fim, dois colegas perguntaram se poderiam fazer a caminhada comigo, e lado a lado a fizemos. Só a fiz uma vez. Na verdade, não doeu muito porque, embora fossem brasas, os meus pés estavam em contato com cada ponto por apenas uma fração de segundo antes de passar para a próxima etapa. Era como andar descalço sobre o cascalho, e tive algumas queimaduras, mas nada grave. Pelo menos eu tinha feito isso e foi libertador.

Na manhã seguinte, reunimo-nos para o café da manhã e o palestrante sentou-se na minha frente, falando de novo sobre o seu trabalho no serviço de inteligência. Perguntei como foi recrutado, e ele pareceu surpreso, depois respondeu muito vagamente enquanto eu ouvia e fazia perguntas mais específicas. A minha amiga que estava comigo e conhecia a minha história ouviu com interesse. Então comentei que parecia muito como o meu marido tinha sido recrutado e ela ficou chocada. De repente, a minha amiga olhou para o palestrante sob uma nova luz. Ela aceitara como verdadeiro tudo que ele dissera e acreditava que ele era quem dizia ser. Então, quando comecei a questioná-lo, ela começou a ver as lacunas na história.

Na volta para Edimburgo, falamos sobre ele e ela estava chocada por ter ficado tão envolvida — nem por um momento pensara que ele poderia estar mentindo. A questão é que ele podia estar dizendo a verdade sobre a sua carreira e experiência — afinal, algumas pessoas realmente fazem esse tipo de trabalho, e também falam sobre isso quando não estão mais servindo —, mas é surpreendente a rapidez com que as pessoas estão dispostas a acreditar em uma história, especialmente quando não têm a chance de questionar nada. Foi interessante assistir às outras onze pessoas do grupo absorverem o que ele estava dizendo e acreditarem nele sem questionar. Isso me ajudou a entender um pouco melhor como eu mesma tinha acreditado em Will Jordan.

Quando conheci o hipnotizador, senti a força da atração, mas consegui resistir. A partir dali eu parecia estar completamente imune.

casei com um
PSICOPATA
Mary Turner Thomson

UNIÃO

Coisas mais divertidas estavam acontecendo em relação ao meu livro e às oportunidades que ele me dava. *The Bigamist* fora traduzido para polonês, sueco, tcheco e flamengo e começava a ser vendido internacionalmente. A Mainstream Publishing foi adquirida pela Random House e o livro assumiu uma nova vida como um e-book. (Eu não tinha ideia do quão bem-sucedido isso fora até receber um e-mail de Jenny, a minha agente, informando o valor que ela havia depositado na minha conta como o meu cheque semestral de direitos autorais para aquele período. Ri e mandei uma mensagem dizendo que ela havia esquecido de incluir a vírgula decimal. Então tive que me sentar quando ela respondeu com uma carinha sorridente dizendo que, não, não tinha!)

Ofereceram-me uma turnê europeia para participar de entrevistas, artigos e programas de rádio em vários países diferentes. No entanto, Robyn ainda tinha ansiedade de separação, e, quando eu estava indo para o aeroporto, ela me segurou com força e disse: "E se você não voltar para casa? E se o avião cair?". Ela estava com um medo imenso de me perder. Eu a tranquilizava e ligava para ela em cada etapa da viagem para conversar e para que Robyn soubesse que eu estava bem e que, embora ela não estivesse comigo, nunca deixava os meus pensamentos.

As minhas amigas Mandy e Carina foram absolutas dádivas de Deus durante esse tempo. Elas intervinham e ajudavam a cuidar das crianças sempre que eu tinha que estar ausente (e muitas vezes quando eu só precisava de uma pausa também).

Robyn enfim superou a ansiedade de separação quando foi para o acampamento escolar aos 12 anos. Depois de deslocar-se para outro lugar, acho que ela de repente percebeu que eu não desaparecia simplesmente. Depois disso ela ficou muito mais segura e menos ansiosa por um tempo.

O pai de Robyn, Ross, não escreveu nem ligou para ela do Japão. Nem mesmo mandou cartões de aniversário ou de Natal. Ele voltou à Escócia em 2012 para um feriado e anunciou no Facebook a todos os seus amigos, mas nem mesmo entrou em contato comigo ou com a sua filha, Robyn, agora com 13 anos, para marcar uma visita. Robyn era "amiga" dele no Facebook, então viu tudo isso acontecendo. Ele finalmente entrou em contato — oito dias após ter chegado, numa estadia de duas semanas — para perguntar se podia vê-la. Tentei ser compreensiva e perguntei a Robyn o que ela queria que eu fizesse em relação a isso. Queria que eu ignorasse e apenas concordasse com uma visita, ou escrevesse para ele dizendo o que eu achava do seu comportamento? Ela disse que deveríamos mandar uma mensagem. Então eu o fiz. Disse que ele iria perdê-la se não começasse a demonstrar algum interesse. Disse que ele não a tinha apoiado financeira, física ou emocionalmente e agora estava sendo prejudicial à sua autoestima, fazendo-a sentir que ele realmente não se importava. Eu queria chocá-lo para fazê-lo agir, mas não funcionou. Como era de se esperar, ele respondeu de forma agressiva, dizendo que talvez fosse ausente, mas eu era muito pior porque tinha deixado um pedófilo viver conosco. Ele pegou a pior coisa que tinha acontecido comigo e tentou usá-la contra mim.

Não respondi, mas escrevi para a sua esposa e a sua mãe dizendo que eu não falaria com ele nunca mais, e que se ele quisesse falar sobre qualquer coisa a ver com Robyn teria que fazer isso por meio delas. Não falo com ele desde então.

Robyn encontrou-se com o pai, mas pouco tempo depois decidiu cortar laços com Ross também. Tinha que ser uma decisão dela, e estou feliz que ela teve a confiança para fazê-lo sem qualquer emoção negativa associada a isso.

As crianças e eu tínhamos um relacionamento muito bom. Com bastante amor e apoio, éramos uma família de quatro pessoas, além de Honey, a nossa cachorrinha. Tínhamos as nossas brigas (toda família tem), mas, de forma geral, todos nós nos dávamos bem e cuidávamos uns dos outros. A atenção da mídia no meu livro não diminuiu e havia várias empresas de documentários interessadas em nos filmar. Em todas as vezes, a emissora de TV pedia que as crianças falassem com um psicólogo de antemão para garantir que não tivessem problema caso houvesse qualquer incômodo causado pelas filmagens. Cada vez que essas ligações eram feitas, o psicólogo falava com eles ao telefone e depois falava comigo para me dizer o que achavam. Para a minha alegria, sempre ficavam surpresos que os meus filhos estavam tão estáveis e seguros depois daquela experiência. Em uma das situações, a psicóloga disse que nunca tinha visto crianças tão "unidas" e que éramos claramente uma família muito sólida e segura. Isso significou tudo para mim, porque validou a minha filosofia de como criar os meus filhos, e significava que eles estavam bem. Independente do quanto eu acreditasse em ser honesta, verdadeira e aberta com as crianças, foi bom ouvir de profissionais que fiz o certo.

casei com um

PSICOPATA

Mary Turner Thomson

ELE CHEGOU A ME AMAR?

Em 2012, recebi uma mensagem da dra. Liane Leedom (autora de *Just Like His Father?*, que eu lera em 2006, e especialista na conexão genética com a psicopatia e transtornos de personalidade antissocial). Com duas colegas, Emily Geslien e Linda Hartoonian Almas, ela estava fazendo um estudo e queria usar *The Bigamist* em um relatório de pesquisa sobre viver com maridos psicopatas, chamado *Did He Ever Love Me? A Qualitative Study of Life With a Psychopathic Husband*. Senti-me honrada e aceitei prontamente.

O estudo foi publicado na revista sobre violência na família e no relacionamento *Family & Intimate Partner Violence Quarterly*, em setembro de 2012. Achei fascinante. Foi o primeiro estudo aprofundado da influência da psicopatia no comportamento íntimo dos homens. Elas usaram as autobiografias publicadas de dez mulheres (incluindo a minha) que estiveram em relacionamentos de longo prazo com homens psicopatas e analisaram artigos de jornal, entrevistas em vídeo e *feedbacks* das autoras para usar como embasamento. Fizeram isso tendo como pano de fundo a lista de verificação PCL-R do dr. Hare. Curiosamente, o relatório apenas analisa livros escritos por mulheres porque elas não conseguiram encontrar livros escritos por homens sobre relações de longo prazo com uma esposa psicopata. Todas as vítimas no estudo foram enganadas, manipuladas ou coagidas durante fases dos relacionamentos e todas foram exploradas por parceiros psicopatas.

Elas mencionavam o dr. Reid Meloy — outro especialista importante, psicólogo forense certificado, autor e consultor em crimes e casos civis nos EUA e na Europa, assim como para o FBI. No seu livro, *The Psychopathic Mind*, ele sugeriu uma pontuação para avaliar o PCL-R, estabelecendo uma escala. Aqueles que pontuaram de 0 a 9 pontos foram classificados como "não psicopatas", aqueles que marcaram de 10 a 19 pontos como "levemente psicopatas", aqueles que marcaram de 20 a 29 pontos como "moderadamente psicopatas" e aqueles que marcaram de 30 a 40 pontos como "altamente psicopatas".

Portanto, mesmo uma pontuação de 10 ou mais coloca o participante na escala psicopata, e de fato não há apenas psicopatas e não psicopatas; há todo um espectro variável de "distúrbio" psicopata, como o dr. Meloy o chama. Tudo isso significa que, quando estiver em um relacionamento tóxico, em vez de fazer a pergunta "O meu parceiro é psicopata?", você deveria perguntar: "Qual é o nível de psicopatia do meu parceiro?". Estima-se que cerca de 1% da população em geral é gravemente psicopata, mas esse número pode ser errôneo. Donna Anderson, da *LoveFraud*, estima que cerca de 10% da população em geral pontuaria 12 ou mais no PCL-R e, portanto, se encaixariam no diagnóstico de psicopatia. Isso significaria que uma em cada dez pessoas está no espectro — uma constatação muito assustadora.

No relatório da dra. Leedom, *Did He Ever Love Me?*, a pontuação máxima dada a cada um dos outros sujeitos pesquisados foi de 36 — exceto no caso de Will Jordan. Nesse relatório, os psicólogos envolvidos deram a ele uma pontuação máxima, 40 de 40, de forma unânime — dando validação profissional ao meu diagnóstico de leiga.

O relatório da dra. Leedom também mencionava a conexão das vítimas com a Síndrome de Estocolmo. Esse termo foi cunhado no caso de 1973 em que ladrões de banco mantiveram uma mulher e três outras pessoas como reféns em Estocolmo por seis dias. Quando libertada, a refém descobriu que tinha formado uma forte ligação com o sequestrador, e todos os reféns defenderam os sequestradores e não testemunharam no tribunal contra eles. Há quatro condições envolvidas no desenvolvimento da Síndrome de Estocolmo: a aparente ameaça à sobrevivência física ou psicológica da pessoa nas mãos do(s) agressor(es); a observação de pequenas gentilezas do agressor para com a vítima e um sentimento de dependência dele(s); isolamento de outras perspectivas que não as do agressor; e a percepção da inevitabilidade da situação com pouca esperança de intervenção externa de família ou amigos.

Síndrome de Estocolmo (ou vínculo traumático) pode se aplicar a qualquer situação vítima-agressor, incluindo violência doméstica e abuso infantil, em que existe a maioria das condições acima mencionadas. Quando a Síndrome de Estocolmo ocorre, a vítima pode apegar-se ao agressor porque percebe que esta pode ser a sua única esperança de sobrevivência. Esse vínculo doentio pode ser mais forte do que aquele que se forma em relacionamentos saudáveis. Vivenciei todos os quatro aspectos da Síndrome de Estocolmo com Will Jordan. Me senti fisicamente ameaçada enquanto ele psicologicamente me torturou e doutrinou para que eu acreditasse que as nossas vidas estavam em perigo, enquanto também brincou com o meu instinto maternal ao dizer que as crianças corriam maior risco de serem sequestradas e destroçadas. Ao longo do tempo em que estivemos juntos, ele me dava amor e carinho, além de me garantir que era a única pessoa em quem eu podia confiar. Eu me sentia isolada porque acreditava que qualquer pessoa a quem contasse também correria perigo, e, além disso, não havia nada que ninguém pudesse fazer para me ajudar. Tudo isso tornou a minha situação inescapável; não havia esperança de ajuda externa. Tudo contribuiu para me tornar completamente dependente de Will Jordan. Perto do fim da relação, ao conversar com assistentes sociais sobre o seu passado criminoso, me senti compelida a me agarrar no que Will Jordan tinha me ensinado — que ele era a única pessoa em quem eu podia confiar para manter os nossos filhos em segurança.

Depois de ler o livro da dra. Liane Leedom, *Just Like His Father?*, tive o grande prazer de falar com ela por Skype sobre criar filhos de psicopatas. Um dos avisos que ela me deu foi que encontrar empatia e emoção nos seus filhos era bom, mas também tinha que ficar atenta aos sinais de autorregulação e controle de impulso — por exemplo, uma demonstração de que eles conseguem ceder. Existe um triângulo interno de traços que abrange a capacidade de amar, exercitar o controle de impulsos e demonstrar raciocínio moral. Ela disse que, por definição, um psicopata é alguém com deficiência em todas essas três habilidades.

"Enquanto isso", disse ela, "fique de olho no abuso de substâncias. Fique atenta à possibilidade de eles se viciarem em drogas ou álcool — e tome especial cuidado se mostrarem tendências ao vandalismo ou coisas do gênero."

Ela me explicou que aqueles em risco de psicopatia que também começam a abusar de substâncias antes dos 22 anos podem se tornar psicopatas (pelo abuso de álcool) ou esquizofrênicos (pelo abuso de maconha, se usada em excesso).

Outro ponto que a dra. Leedom destacou foi que temos um grande problema de lealdade tribal/familiar, o que significa que, se alguém está ciente de que um membro da família é psicopata, em geral não conta aos outros sobre isso. A pessoa apoiará o filho adulto psicopata e às vezes até ficará aliviada quando houver uma nova vítima porque, assim, a família terá uma trégua enquanto o psicopata concentra-se na nova vítima. Isso me fez pensar nos pais de Will Jordan outra vez. Foram vítimas dele também? Ajudavam-no porque isso significava que ele os deixava em paz? Ou foram fundamentais para fazê-lo tornar-se o que era, além de beneficiar-se do dinheiro fraudado?

Senti que tinha avançado bastante. Não só agora eu sabia e entendia o que Will Jordan era, mas também estava aprendendo muito mais sobre psicopatas em geral. O meu livro estava até mesmo sendo usado por especialistas para pesquisar o assunto com maior profundidade. Mas ainda queria aprender mais. Queria entender os mecanismos que permitiram que Will Jordan me controlasse. Agora eu entendia por que ele fizera aquilo, mas queria saber *como*.

Comecei a me aprofundar nas técnicas que os psicopatas usam e me deparei com um relatório do dr. Jeffrey Hancock e do dr. Michael Woodworth chamado *Hungry Like the Wolf: A Word Pattern Analysis of the Language of Psychopaths*, que faz uma análise do padrão de palavras da linguagem dos psicopatas. É fascinante, e eu incluí mais detalhes sobre isso no Apêndice, intitulado "Um Breve Guia para Identificar e Combater Técnicas Tóxicas". O dr. Woodworth disse: "Você pode passar duas ou três horas com um psicopata e sair hipnotizado". Psicopatas são mestres em distrair as suas vítimas; tendem a usar linguagem corporal e movimento para distrair e complementar as suas palavras. O comportamento não verbal é muitas vezes tão convincente e distrativo que as pessoas não reconhecem que eles estão sendo enganosos.

Isso me lembrou um pouco de uma cobra mexendo a cabeça para distrair a sua presa. Eles são perturbadoramente bons em manipular pessoas cara a cara, mesmo com pesquisadores especialistas qualificados, então, embora expressem-se verbalmente de forma muito clara, a comunicação face a face e não verbal é realmente a maneira como manipulam indivíduos.

Duas das técnicas sobre as quais Hancock e Woodworth falaram no relatório eram incrivelmente familiares. Foram chamadas de "ressignificação" e "conversa sem sentido". Ressignificação — às vezes chamada de "projeção" — é quando alguém vira qualquer falha ou situação para fazer parecer que a outra pessoa é a real culpada. Por exemplo, alguém usando projeção pode acusar o seu parceiro de ser infiel quando, na verdade, é o acusador que está tendo o caso. Isso é usado para desestabilizar a vítima e incutir um sentimento de culpa, embora a vítima não tenha feito nada de errado. Lembro-me muito claramente da situação quando estava parindo a minha filha e o meu filho. Em vez do meu "marido" estar ao meu lado, ele conseguiu me convencer de que estava em uma zona de guerra fechada, lutando para sobreviver. Embora eu estivesse passando por uma experiência dramática e dolorosa, precisando do meu parceiro, senti-me culpada porque fui levada a acreditar que ele estava preso, morrendo de fome em uma zona de guerra e com sorte por estar vivo. Na verdade, ele não estava nem perto de uma zona de guerra e estava a apenas algumas centenas de quilômetros dali, ocupado usando botas muito pequenas a fim de me convencer de que estivera muito, muito longe. Ele estava ausente nas duas vezes quando dei à luz, e o seu objetivo era me deixar preocupada com ele enquanto passava por isso.

A outra técnica que aprendi, ainda mais interessante, foi "conversa sem sentido" ou "salada de palavras". Por exemplo, um psicopata irá divagar e continuar falando com uma mistura confusa ou ininteligível de palavras e frases que parecem aleatórias, movendo-se aproximadamente pelo assunto em questão, mas nunca de fato ou não exatamente chegando a um ponto que irá explicar ou desculpar o seu comportamento, pelo menos não a princípio, mas "existem razões para isso — algo que vai mudar tudo...". Essa frase, irritante e confusa como é, é um exemplo de salada de palavras. Não há razões para isso, a não ser manter o público ouvindo e ficando ligeiramente hipnotizado enquanto aguarda alguma explicação.

Nunca chegar ao fim da frase ou ao argumento que eles querem provar é deliberado: os psicopatas vão continuar falando até que a vítima finalmente intervenha com um palpite ou sugestão própria, lhe dando justo a informação de que precisa. Quando alguém de quem você gosta está tentando provar um ponto, é natural que você preencha as lacunas, ouvindo com atenção ao que é dito e tentando entender, às vezes até mesmo completando as frases e/ou resumindo o que você "pensa" que estão tentando dizer enquanto divagam. "Ah, entendo, é isso...". A vítima deixa essa conversa com a única resposta que cabe, na sua cabeça, com a pessoa que ela acredita que o parceiro seja. Ela acredita que a conversa se resolveu quando, na verdade, o psicopata não disse nada e deixou a vítima preencher os espaços em branco, obtendo informações que irão ser essenciais para atrair a vítima e mantê-la sob controle.

O extraordinário é que você não percebe que isso está acontecendo até o momento em que isso é identificado. No entanto, agora que eu sabia, começava a ver isso nas pessoas ao redor. Percebi principalmente em entrevistas televisionadas de políticos que evitavam perguntas ao usarem as técnicas de salada de palavras e projeção.

De repente, pude ver como Will Jordan tinha me manipulado, como ele havia usado técnicas verbais, como ressignificação e salada de palavras, assim como conversa e manipulação emocional. Ele era um mestre da sua arte e eu tinha lhe dado as respostas todas as vezes, as desculpas que eu aceitaria por ele estar ausente em nascimentos, natais e aniversários. Eu tinha contado os meus maiores medos — o das crianças serem levadas, abusadas e feridas. Eu dera todas as ferramentas que precisava para me controlar e me manipular para fazer o que quisesse.

Agora, no entanto, eu sabia, e uma vez que esse conhecimento existe, não pode ser tirado de você. Sabia que ninguém jamais seria capaz de me controlar desse jeito de novo.

GATO E RATO

Em janeiro de 2014, Will Jordan reapareceu. Recebi um e-mail de Mischele Lewis com uma história chocante de mentiras, enganos, fraudes e traumas emocionais. Ela me pediu para ligar para ela, então me sentei de pernas cruzadas no chão na frente do meu laptop, disquei o número internacional e esperei os longos segundos para a conexão. As fotos na tela do computador eram um lembrete doloroso do sofrimento que eu vivera anos antes. O rosto do meu não marido sorria para mim com os braços em volta de outra nova vítima.

O telefone tocou apenas algumas vezes antes de ser atendido por um sotaque americano gentil e um pouco hesitante. Eu sabia exatamente como ela se sentia. Eu tinha respondido a uma chamada muito parecida, quase oito anos antes, da outra esposa do meu marido.

"Você está bem?", perguntei à Mischele. "Como está se sentindo?"

"Com raiva!", respondeu ela. "Li seu livro durante a noite e não posso acreditar nas semelhanças!"

Mischele me contou a essência da sua história. Como conhecera Will Jordan online, como acreditara que ele era britânico e trabalhava para o Foreign and Commonwealth Office (FCO), pilotando drones e trabalhando em parceria com o serviço secreto dos EUA. Como eu, ela fora sugada e tivera contato com outras pessoas que validaram a história dele. Como eu, era uma mãe solo que estivera em uma situação infeliz antes de conhecer alguém que parecia ser o homem perfeito. Como eu, ficara noiva dele, perdera dinheiro para ele e depois descobrira a verdade.

"O que vai fazer com relação ao bebê?", perguntei, depois de descobrir que engravidara havia pouco tempo e consciente de que era cedo o bastante no relacionamento para ela ter opções.

"Não sei", disse ela, com preocupação genuína. "Preciso pensar nos filhos que já tenho também."

Eu entendia totalmente. Havia muito a considerar e não tenho certeza de que decisão teria tomado se tivesse descoberto a verdade com apenas algumas semanas de gravidez.

Mischele estava em choque, mas, ao contrário de algumas das vítimas de Will Jordan, não estava destruída. Estava determinada. Ela me lembrou de mim mesma, alguém com um desejo ardente de saber mais e entender o que acontecera. Era estranho estar do outro lado da ligação. Ser aquela que sabe a verdade e explicar a Mischele o que ele realmente era. Mas, sinceramente, não tive que dizer muito, porque ela já tinha lido o meu livro e a história toda estava lá. Deve ter sido tão estranho para ela ler sobre a minha vida com o seu noivo, o pai do seu filho não nascido, o homem com quem Mischele pensava, até poucas horas atrás, que iria passar o resto da vida.

Foi bom ajudá-la, no entanto, e senti que tinha encontrado uma irmã de alma. Uma guerreira que não permitiria que ele escapasse impune. Uma mulher forte e impetuosa que não seria vitimada nem se sentiria constrangida com o que tinha acontecido. Nós conversamos por horas e ela me contou a sua história desde o início.

Em 2013, Mischele, com 35 anos, era enfermeira obstetra em uma maternidade em New Jersey. Apaixonada pelo emprego, trabalhava principalmente à noite, o que significava que tinha os dias disponíveis para os seus dois filhos. A primeira coisa que me impressionou sobre ela — ao ver as fotos que ela me mandou — foi que era incrivelmente bonita, com longos cabelos loiros e grandes olhos azuis lindos.

Em janeiro de 2013, Mischele estava separada do marido e em processo de divórcio. Ela, como muitas outras, decidiu buscar o amor online. Não estava interessada em "pegar geral" ou dar uma olhada no que estava disponível. Só queria encontrar um companheiro e parceiro para a vida toda.

Ela conheceu William Jordan, de 48 anos, que se fazia passar por Liam Allen, de 40 anos, um oficial do serviço secreto britânico trabalhando para o FCO. Inicialmente, disse que o seu nome era Guillaume, mas que os americanos achavam o nome particularmente difícil, então ele usava o apelido de "Liam". Ele retornara recentemente aos EUA e tinha uma empresa de prontuários médicos. A conversa fluiu fácil e suavemente. Ele parecia ser tudo o que Mischele sempre quis e eles simplesmente "encaixavam". Liam parecia charmoso, inteligente, erudito, além de ter uma inclinação para a música.

À medida que a conhecia melhor, ele inventou uma história sobre como nasceu em New Jersey, mas foi enviado para a Inglaterra ainda criança porque a sua mãe era abusiva. O seu pai interveio depois que a mãe quase o colocou em um banho escaldante e ele decidiu que Liam não poderia mais morar com os pais, para a segurança da criança. O pai o enviou para viver com parentes que eram professores da Universidade de Oxford. Mischele sentia muito por esse pobre homem que tivera uma vida tão triste. Embora os parentes distantes de Oxford cuidassem dele, não eram particularmente atenciosos — tinham outros filhos mais velhos e tratavam-no como um caso de caridade.

Liam falava com sotaque britânico e explicou que estudara na Universidade de Oxford antes de ingressar no exército britânico e pilotar helicópteros. Então admitiu que, por ser astuto e inteligente, recebera um convite para um emprego no Ministério da Defesa do Reino Unido para um trabalho em que deveria chegar antes das missões e fazer amizade com os locais, os persuadindo para atuar como espiões na identificação de terroristas de alto escalão após o Onze de Setembro. Os espiões então diziam à sua equipe quando a barra estava limpa e ele pilotava pessoalmente os drones, de forma remota, para atacar o alvo pretendido.

Depois de deixar o exército, Liam recebera a sua pensão e fora para o México, onde apaixonara-se por uma mãe solo que tinha uma filha com síndrome de Down. Eles estavam planejando casar e ele queria assumir a guarda da menina, mas então veio o Furacão Alex. Depois de uma jornada árdua até a Embaixada Britânica na Cidade do México, ele foi levado de volta para New Jersey, onde moravam os seus pais biológicos.

Finalmente estava reaproximando-se dos pais que o mandaram embora. Liam tentara fazer com que a sua namorada mexicana fosse para os EUA, mas, nesse processo, descobrira que ela o estava traindo e terminou o relacionamento. Ele ainda estava pagando pela educação da filha, no entanto. Liam até mostrou à Mischele, com orgulho, uma fotografia da garota (que na verdade era a irmã mais nova de Amabel).

Como acontecera com todas as outras mulheres que Will Jordan conhecera, ele mentiu sobre idade, antecedentes, estado civil, formação militar, parentalidade, renda, educação, trabalho e até mesmo o nome.

Mischele foi alvo de *love-bombing* e foi seduzida por este homem encantador, atencioso e adorável que por fim, depois de uns dois meses, se abriu sobre o seu trabalho no serviço secreto. Liam a fez se sentar para ter uma conversa séria e lhe contou sobre o seu trabalho "real" para o governo britânico. Ele disse que escoltava funcionários da embaixada e dignitários estrangeiros, assim como as suas famílias, de um lugar para outro — um guarda-costas glorificado — e às vezes pilotava helicópteros e pequenos aviões em serviço.

Mischele tinha muitas perguntas, então escreveu todas e eles conversaram sobre elas juntos, ponto por ponto.

Então, em maio de 2013, Liam lhe disse que, se quisessem estar juntos, ela precisaria ser examinada e obter uma "autorização". Após isso, ela teria um telefone seguro para contatá-lo.

Mischele foi devidamente contatada e solicitada a configurar uma "identidade de voz digital". Ela teve que ligar para um número específico em Washington, DC, e dizer o seu nome para um software de reconhecimento de voz. O telefone foi atendido com o som de vários bipes e então ela teve que dizer o nome uma, duas, três vezes. Após ser informada de que a impressão digital fora aceita, Mischele recebeu uma ligação de um homem que se autodenominava "Tom Chalmers". Tom tinha um sotaque inglês forte e de início falou com ela em códigos sobre uma "casa Allen Tudor" pela qual ela demonstrara interesse. Mischele ficou confusa, mas logo percebeu que era um código e continuou na mesma linha. A casa "Allen" sobre a qual o homem ao telefone falava era, na verdade, Liam. Usando esse código, Tom discutiu mais detalhes com

Mischele no telefone e explicou-lhe o processo de verificação. Ele então disse que ela precisaria fornecer informações e detalhes sobre a sua conta bancária para que ela fosse liberada, incluindo um pagamento de 1.300 dólares. É claro que esse dinheiro seria devolvido. Mischele também teve que preencher páginas e mais páginas de formulários da Lei de Segredos de Estado que a vincularia ao sigilo, bem como lhes daria todas as informações de que precisavam para a verificação.

Mischele foi então informada de que haveria uma série de testes. Tom disse: "A qualquer momento, algo pode ser falso. Pode ser um teste para ver se podemos confiar em você". Era vago e confuso e Mischele ficou desestabilizada. O que poderia ser esse "algo falso"? Mischele não deveria confiar em nada nem ninguém — não importava quem entrasse em contato com ela e não importava o que ela descobrisse — porque tudo poderia ser um teste para ver se ela era confiável. Tom reiterou que era importante verificar e testar Mischele e os detalhes que ela fornecera para que Liam e toda a sua equipe permanecessem seguros e descomprometidos.

Como eu, a Mischele estava a par das chamadas informações secretas antes que se tornassem públicas. Isso aconteceu principalmente no início de junho de 2013, quando eles estavam indo ao casamento de um amigo e Liam chegou dizendo que tinha ido de helicóptero porque estava lidando com uma situação grave. Um contratado da Agência de Segurança Nacional (NSA) denunciara a vigilância em massa da NSA de cidadãos americanos. Antes que a noite acabasse, Liam foi chamado de volta ao trabalho quando a notícia explodiu. Na verdade, apenas poucos dias depois a notícia das atividades de Edward Snowden e a sua denúncia sobre a NSA veio a público.

Depois de tudo isso, o pedido de autorização de segurança de Mischele foi entregue a outro operador chamado Marcus, que parecia ter uma voz muito mais jovem do que Tom.

Marcus era mais aberto e amigável com Mischele do que Tom tinha sido, e muito mais falador. Um dia, Marcus ligou para ela às 4 da manhã e contou a verdadeira razão de Liam ter deixado o exército britânico anos antes. Marcus disse que Liam havia pilotado drones e o seu trabalho era matar terroristas. Em uma tarefa específica, o terrorista-alvo estava entre um grupo de mulheres e crianças inocentes, que também seria morto pelo ataque. O espião de Liam recomendara desmantelar a missão, mas o seu superior discordara. Liam recusara a "ordem de matar" e, em vez disso, fizera o drone voar para um celeiro. O superior de Liam tinha ficado furioso e o chamado de indisciplinado e antipatriota. Eles até tiveram uma briga física de verdade por causa disso. Ambos receberam alta do serviço com pensões que haviam acumulado até aquela data.

Marcus e Tom estiveram em contato com Mischele durante todo o verão, mas em setembro de 2013 as ligações pararam de repente, embora o processo não tivesse sido concluído.

Mischele estava preocupada, mas Liam lhe deu uma cutucadinha e disse: "Pode ser um teste para ver como você reage por estar fora de contato".

Ela sentiu-se extremamente estressada por todo o processo, ainda mais porque estava passando por um divórcio ao mesmo tempo. Mas manteve-se firme porque, acima e além de tudo o que estava acontecendo com Liam, ela era uma mãe solo e trabalhadora, com filhos para cuidar, e tinha que permanecer forte por eles.

Em outubro de 2013, Liam falava sobre construir uma família com ela e estava conhecendo a sua mãe, avó e filhos. A família fez todos os esforços para dar a Liam o seu primeiro jantar de Ação de Graças (como tinha sido levada a acreditar). Ao mesmo tempo, Liam apresentou Mischele aos seus pais de quem tinha se reaproximado recentemente. Ambos pareceram encantados em conhecê-la — nenhum deles disse ou fez nada para refutar as histórias que Liam contara a ela.

Pouco depois disso, Liam disse que nunca soubera o que era uma "alma gêmea" até conhecê-la. Disse que a família dela era maravilhosa e que ele estava apaixonando-se pelos seus filhos. Em 8 de dezembro de 2013, Liam pediu Mischele em casamento e ela aceitou.

Liam não apareceu na véspera de Natal como prometido, e, no dia de Natal, eles esperaram pela sua chegada iminente. As crianças corriam para a janela, animadas para vê-lo a cada vez que ouviam um carro passar. Mischele e a sua família ficaram desapontadas, pois mais uma vez ele não apareceu. Liam, por fim, chegou na véspera de Ano-Novo e passou o dia com eles, mas desapareceu antes da virada do ano.

Em janeiro de 2014, Mischele estava muito desencantada com a relação e pensava em terminar com Liam. Mas então a vida trouxe uma nova dificuldade quando ela descobriu que estava grávida.

Liam pedira a Mischele para ter filhos com ele e falara sobre isso por meses, então ela estava confiante de que ele ficaria encantado com a notícia. No entanto, ele não ficou. Liam distanciou-se dela, dizendo que precisava de tempo para "processar" a informação. Ele deixou Mischele em choque com a sua reação e foi ao banheiro. No entanto, ao sair, também deixou a carteira — algo que nunca fizera antes.

Mischele olhou para a carteira por um tempo antes de decidir ver o que havia dentro. Algum instinto dizia que algo estava muito errado. Ela abriu a carteira e encontrou um cartão de banco com o nome "William Allen Jordan". Inicialmente, Mischele não fez nada com essa informação. Ela achava que fazia parte do trabalho dele. Afinal, ele tinha dito que às vezes precisava usar identidades falsas. Pelo bem do bebê, Mischele tentou fazer o relacionamento funcionar uma última vez, e o casal fez planos de morar junto e se casar.

Poucas semanas depois, após o seu noivo e o pai do seu feto ter lhe deixado sozinha no Dia de São Valentim, ela decidiu pesquisar no Google o nome que ela não conseguia tirar da cabeça. O que encontrou a deixou fisicamente doente. O primeiro artigo era a história no *Love-Fraud* intitulada "Will Allen Jordan, também conhecido como Will Allen, criminoso sexual condenado e bígamo, deportado do Reino Unido, retorna para New Jersey".

Mischele leu esse artigo e depois vários outros. Ela viu a referência ao meu livro e o baixou no Kindle. Ela o leu inteiro em uma noite. De manhã, entrou em contato comigo pelo meu site.

Foi então que liguei para ela: conversamos por duas horas.

casei com um
PSICOPATA
Mary Turner Thomson

VIRANDO O JOGO

No dia seguinte ao nosso primeiro telefonema, Mischele confrontou Will Jordan (como ela agora sabia que ele se chamava). Inicialmente, ela não lhe contou que nós tínhamos conversado, mas apenas que vira artigos sobre ele.

Mischele pensou que ele negaria que os artigos fossem sobre ele, ou diria que eram mentiras, que ele estava trabalhando disfarçado ou algo assim. Não foi o que aconteceu.

"Fui um sacana", disse ele. "Fiz coisas terríveis."

Também disse que deixara tudo isso para trás e queria ser um homem melhor. Conhecer Mischele mudara tudo para ele.

Ela ouviu o que ele falou, plenamente ciente de que era tudo mentira. Mischele sabia que William Allen Jordan — este desconhecido que se embrenhara na sua vida — era um psicopata e, como tal, não estava interessado em mudar. Por ser enfermeira, ela também sabia que a psicopatia podia ser genética e havia uma chance de que o seu bebê também pudesse ter o transtorno de personalidade. Sendo alguém com um forte instinto maternal, Mischele tomou a dolorosa decisão de interromper a gravidez.

Da noite para o dia, o futuro de Mischele — o noivo, o novo bebê, a sua vida — acabou e foi substituído pela consciência de que ela se apaixonara por um pedófilo psicopata.

Mischele e eu conversamos e conversamos, e mantivemos contato diário durante aqueles primeiros dias traumáticos. Eu me sentia muito conectada, pois sabia exatamente o que ela estava passando.

Mischele deixou Will Jordan pensar que ela ainda estava em um relacionamento com ele e que estava dando-lhe uma oportunidade de construir a confiança entre os dois de novo. Ela o deixou pensar que ele tinha uma chance! Enquanto isso, considerou o que fazer: um ato de total controle da parte dela.

Coloquei Mischele em contato com outras seis vítimas, incluindo sua ex-esposa do Reino Unido e as vítimas recentes dos EUA. Nós criamos um grupo privado no Facebook para que todas pudéssemos nos comunicar e compartilhar histórias. Mischele ficou chocada com o número de vítimas e ansiosa para conversar com cada uma delas.

"É como se minha história tivesse um pedaço da história de todo mundo", comentou ela.

"O que você quer fazer agora?", perguntei.

"Ele precisa ser parado!", disse ela. "Isso precisa acabar em mim!"

Mischele continuou fingindo para Will Jordan que estava disposta a tentar de novo, mas apenas se ele se esforçasse para reconquistar a sua confiança.

A cada vez que conversava com ele, ela falava comigo logo depois, para garantir que se mantinha aterrada e para compartilhar informações. Ao discutir comigo o que ele dizia, era mais fácil averiguar o que era verdade, o que era mentira e o que estava entre um e outro.

Eu estava trabalhando com uma empresa de cinema na produção de uma série documental chamada *Evil Up Close* e, bem no fim da filmagem, Mischele entrara em contato. Ao mesmo tempo, ela estava conversando com a polícia e vendo o que eles precisavam dela para realizar uma prisão. Era difícil conseguir evidências porque Will Jordan era um veterano nisso e era bom em não deixar rastros.

Conversamos com a produtora de filmes e Mischele conseguiu esconder câmeras dadas pelo pessoal da empresa, uma câmera de botão na camisa e outra na bolsa. Armada com elas, Mischele disse a Will Jordan que eles precisavam conversar e ele precisava confessar tudo. Ela lhe disse que já falara comigo e com a sua ex-esposa do Reino Unido e que queria ouvir a história toda do ponto de vista dele, incluindo o que era verdade e o que não era sobre o dinheiro que ela havia pago pela "autorização de segurança". Ele concordou.

Mischele dirigiu até um café Dunkin' Donuts e, depois de pedir uma bebida e um *bagel*, sentou-se para conversar, enquanto tudo era filmado por câmeras escondidas.

Ela me enviou os vídeos para assistir e ver Will Jordan novamente na câmera foi perturbador. Ainda mais porque, embora alguns anos mais velho e com uma barba rala e roupas mais desalinhadas, era exatamente o mesmo homem de que me lembrava. Mischele fez um incrível trabalho ao parecer relaxada e aberta às suas manipulações, falando de forma casual com ele no começo, como se absolutamente nada estivesse errado.

Vendo a filmagem, é difícil de ouvir grande parte da conversa por causa do ruído de fundo, da música e do arrastar de cadeiras na cafeteria. No entanto, partes da gravação são muito claras e bem irritantes. Ele usa tantas técnicas diferentes quando fala. Há o contato visual envolvente e a linguagem corporal aberta, e no começo a conversa é simples e direta. Mas sempre que Mischele faz uma pergunta difícil, há também a salada de palavras e respostas sem sentido que a distraem do que foi perguntado. Ele diz "sabe" e "tipo" com frequência do começo ao fim e preenche espaços em branco com linguagem corporal. Essa é uma técnica em si porque se palavras não forem usadas, a vítima preencherá os gestos corporais "vazios" com uma resposta que se encaixaria. Normalmente, ao sermos empáticos e tentarmos entender, caímos na armadilha que nos leva a preencher lacunas e terminar frases incompletas para a pessoa que amamos. Mischele conseguiu evitar isso em grande parte, mas é fácil ver como isso é feito quando você assiste ao vídeo.

Transcrevi a gravação e ela faz pouco sentido enquanto texto, então vou parafrasear a maioria do que foi dito aqui.

Mischele fez um excelente trabalho de disfarce e de fingir vulnerabilidade e interesse em descobrir a "verdade" sobre ele. Ela ligou o dispositivo de gravação antes de encontrá-lo, preparando-se para fazê-lo falar.

> **Mischele:** Vou ligar antes de chegar lá, só caso ele chegue cedo.
> Tomara que, por alguma graça de Deus, ele confesse tudo.
> Ok, quase lá, quase lá, quase lá.

Ela cantou junto a "Let It Go", que estava tocando no rádio do carro. Cantou sobre nunca mais voltar, deixar para trás o passado e se levantar como o amanhecer. É incrível como a letra dessa música era pungente — Mischele havia me dito antes que se tornara o seu hino durante esse tempo. Ela parecia estar cantando para se acalmar, então continuou, falando sozinha.

Um farol vermelho, um farol vermelho. Adeusinho. Respira, respira. Aja naturalmente.

Apenas respira, apenas respira. Respira. Respira. Inspira.

Normal. Normal. Normal. Seja normal, seja normal. Só 'todo mundo quer café?'

Ah, olha aí, ele está realmente adiantado... Desgraçado.

Ela parou o carro e saiu.

Eles entraram no Dunkin' Donuts e pediram café e bagels de canela e passas, que Mischele pagou, depois pegaram a bebida e sentaram. Will Jordan parecia particularmente calmo e nem um pouco preocupado ou nervoso com a conversa que estava prestes a ter. Mischele perguntou sobre os pais dele e Will respondeu que estavam bem, e, com sorte, a mudança no clima melhoraria as coisas. Os dois passaram a falar sobre várias coisas até que começaram a combinar de se encontrarem de novo no dia seguinte.

A conversa foi equilibrada, aberta, calorosa e relaxada. Fluiu naturalmente. Ninguém teria suspeitado que Will Jordan estava prestes a tecer uma teia de mentiras, nem que Mischele o estivesse atraindo secretamente para uma armadilha legal gravada em vídeo. Cerca de vinte minutos depois, ela encaminhou a conversa para o assunto em questão, dizendo: "Não sei, ainda tenho sentimentos confusos sobre isso tudo".

Quase de imediato, a maneira de conversar de Will Jordan mudou. Ele passou a usar muito mais linguagem corporal e encolhidas de ombros, acenos de cabeça e gestos com as mãos. Enquanto assistia, me lembrei do que o dr. Woodworth disse sobre passar tempo com um psicopata, que é quase hipnótico e que grande parte da comunicação é através da linguagem corporal em vez de palavras individuais.

Will explicou que era completamente compreensível que ela tivesse sentimentos confusos e que ele aceitava isso. Que poderia se humilhar, mas, na verdade, queria que ela enxergasse o todo da situação primeiro, que ela soubesse de tudo, para que ele pudesse então se desculpar pelas coisas certas, porque nem tudo que ele tinha contado era mentira.

Ele disse que podia explicar as coisas, mas Mischele teria que estar no estado de espírito certo, como quando ela estava trabalhando no hospital e tinha que dizer às pessoas o que havia de errado com elas e o que não havia, o que elas precisavam fazer e quando precisavam fazer. Não importava o que dissesse a esses pacientes e quão clara fosse — se não estivessem no estado de espírito certo, não entenderiam. Ele disse que, da mesma forma, se ela não estivesse no estado de espírito certo, não importava o que ele dissesse, Mischele não acreditaria nele.

Will já estava ressignificando a situação.

Ele, então, mencionou a ideia do relacionamento "não continuar" — que não importaria tanto para ele se ele não ligasse, que seria fácil se afastar se as coisas "não estivessem equilibradas".

Will estava sendo deliberadamente vago e usando termos incomumente brandos e elípticos para situações normais. Isso é feito de propósito para manter o alvo focado em tentar entender o que está sendo dito e o distraindo do foco da discussão.

Will desculpou-se por não ter contado a Mischele a verdade antes e concordou que deveria se redimir por isso, mas que não queria continuar remoendo dores passadas. Mischele aceitou.

Então ele começou a explicar, usando a salada de palavras, que não tinha feito metade das coisas das quais fora acusado. Que era culpado de ferir as pessoas emocionalmente, sim, mas que fora enganado e vítima de uma armação. Ele queria separar tudo em elementos básicos para que Mischele pudesse assimilar a situação e entender tudo.

Eles então passaram a discutir a situação entre os dois e Will abriu o caminho da desconfiança. Passou um bom tempo falando sobre eles confiarem e conhecerem um ao outro. Falou sobre ser capaz de ir embora, mas então imediatamente declarou que nunca tinha feito isso.

Ele apenas parou de falar com alguém e saiu da sua vida depois que a pessoa lhe pediu —nunca tinha simplesmente desaparecido. Ele tinha investido muito em Mischele para fazer isso com ela.

Mischele mencionou a acusação de pedofilia e que era muito difícil aceitar aquilo — foi a gota d'água para ela.

Inicialmente, Will mudou o assunto para dinheiro. Disse que a sua esposa o explorara por doze anos depois que se casaram e começou a reclamar sobre quanto dinheiro havia ganhado. Que ele tinha sustentado a sua família e ganhado meio milhão, por cinco vezes, ao longo de um ano.

A distração funcionou e Mischele prosseguiu.

Então eles discutiram sobre a babá que cometera suicídio — a garota que teve um caso com Will Jordan na década de 1990 e, quando rejeitada, tomou uma overdose de paracetamol. Ele falou sobre como a acompanhara nos momentos finais e como a menina tinha problemas emocionais causados pela própria família. A família dela estivera presente no fim também e colocara a culpa nele, mas ele disse que a única coisa que podia fazer era aceitar a acusação.

A conversa seguiu para a esposa de Will na Inglaterra, a mulher que havia me contatado em 5 de abril de 2006 e era casada com ele quando eu virei um alvo. Ele então contou a história de como os dois ficaram juntos, como ela era divertida e, embora sete anos mais velha, ainda era bem jovem quando se conheceram. Ela estivera sofrendo e em processo de separação do seu marido que era fisicamente abusivo. Will disse que ela era muito magra e "nada notável" fisicamente, mas uma pessoa muito boa. Ela era estranha e divertida. Ele a descreveu como "muito obstinada, muito falastrona" e, quando ela discutia com o ex, tudo terminava em uma briga feia, algo que Will disse que nunca seria capaz de fazer. No entanto, apesar de saber disso, contou ele, os dois ficaram juntos. Ela gostava da sua capacidade de ganhar dinheiro e ele gostava do lado maternal dela.

Muito do que essa mulher fazia era retribuir às pessoas na sua vida a quem ela sentia que devia alguma coisa. Novamente, isso tinha alimentado o ego de Will. Eles compraram uma casa para o pai dela e uma para a tia e o tio. Até cuidaram da mãe dela. Ela queria que ele ganhasse dinheiro e a deixasse em paz para seguir com a própria vida, e ele queria uma base e o desafio de sair e "ganhar grana". Ele até descreveu isso como "melhor do que sexo às vezes". Parecia um bom arranjo.

Ele explicou que a sua esposa na Inglaterra gostava de uma vida boa. Gostava de ter babás e viajar pelos EUA por um mês — de costa a costa — e dava a entender que não o queria por perto de fato. Will estava bem com isso, porque significava mais tempo para si mesmo. Eles eram casados, mas viviam vidas muito separadas.

Will falou sobre como ele tinha tido as suas "parceiras" e ela "jogava no outro time também", mas no meio disso estava a religião dela. A religião sempre esteve presente na vida dela e estar em um relacionamento aberto como aquele não era bem-visto de fora. A sua família interveio.

A sua esposa estava bem com o fato de ele ter casos contanto que não fosse na sua frente, mas, quando a cunhada dele descobriu, ficou furiosa e foi atrás de Will por trair a sua irmã.

Will Jordan continuou a contar a sua história para Mischele, dizendo que a cunhada, então, produzira evidências de que ele havia molestado uma garota com menos de 13 anos, levando-o a ser preso. Ele disse que a sua esposa sabia que isso estava acontecendo, mas percebeu tarde demais que tinha acabado de arruinar a sua fonte de renda. Os serviços sociais até acabaram desconfiando porque, embora a mulher e a irmã dela o estivessem xingando no começo, a esposa de Will ainda queria aceitá-lo de volta após a condenação.

Will fez tudo parecer tão plausível — que ele foi vítima de uma elaborada farsa —, mas recusou-se a mencionar porque declarara-se culpado pelo crime.

Ele explicou com calma e lógica que toda a história era besteira, mas que tivera que passar por toda uma ladainha de três anos por causa disso. Will ficara furioso por ter sido acusado de molestar uma menor de idade. Teria deixado a esposa na época, mas era mais barato ficar com ela. Ele admitiu que os casos que teve com uma babá depois da outra eram, em parte, a vingança dele por isso.

Então ele explicou como uma babá tivera dois filhos seus e ele teria continuado aquele relacionamento e fugido com ela, mas a sua esposa tomara frente da situação e ficara amiga da babá para que ela não o levasse embora, trazendo-a para dentro de casa para criar todos os filhos juntos. Mischele lhe mostrou uma montagem de fotos de dez das crianças, que eu tinha dado a ela.

Mischele: Devo dizer que você faz lindos bebezinhos.

Ele apenas olhou para a montagem em silêncio, sem tocar no iPad e, em seguida, bateu de leve na mesa com ambas as mãos.

Mischele: Esses dois parecem que poderiam ser gêmeos. Não sei pronunciar o nome dela.
Will: Eilidh.

Will apenas disse que isso era triste e que ele não conseguia se conectar com isso, porque "o que ele poderia fazer? Como poderia ir para lá?". Depois de Mischele insistir um pouco mais, ele começou a sugerir que estava mais envolvido com as crianças do que deixava transparecer. Disse que deixá-las não fora uma decisão tomada de forma leviana, tampouco era uma decisão que tomara sozinho. Will deu a entender algo sobre escrever e falar com alguém no Reino Unido e disse que sabia que todos estavam bem. Disse que fazia "coisas". Mais especificamente, ele declarou abertamente que "deu múltiplos de sete dígitos, para as pessoas fazerem o que quiserem", falando claramente sobre dinheiro. Ele não podia fazer parte da vida diária das crianças, porque isso não era o que outras pessoas o deixariam fazer e ele não tinha a capacidade de discutir com elas. Além do mais, isso apenas os teria colocado em uma posição incômoda.

Ele deu a entender que tinha enviado cartões de aniversário, mas que suspeitava de que as crianças nunca os tinham recebido.

Will fingiu aborrecimento quando Mischele perguntou sobre a vítima de abuso engravidar dele aos 21 anos. Isso foi algo que a sua ex-mulher tinha contado a Mischele. Em relação à vítima de abuso, ele disse que ela saíra de casa aos 16 anos e arrumara um namorado paquistanês. Will disse que tudo isso era parte do passado agora (ou seja, a condenação por crimes sexuais). Que a vítima de abuso deveria ter dito: "Ok, pare, não quero fazer parte disso". Em vez disso, ela ajudara a espalhar mais veneno. Ele deixou implícito que foi vítima de uma armação quando a menina e a mãe dela pediram para eles se encontrarem e conversarem em algum lugar, e, quando ele chegou, as duas acusaram-no de outra coisa (presume-se que tenha sido engravidá-la). Ele tinha sustentado as crianças e dado milhões de dólares em educação e suporte. Will deixou implícito que a sua ex-esposa o manipulara e controlara — que ela poderia usar outras coisas contra ele, mas que não tinham o mesmo efeito que uma acusação de pedofilia.

Will estava falando em termos continuamente vagos e confusos e não fazia muito sentido. Mischele então passou a falar sobre mim.

> **Mischele:** Então, onde é que a Mary entra em tudo isso?

Will continuou explicando que montara um escritório em Edimburgo com seis ou sete pessoas trabalhando para ele. Ele e a sua esposa compraram uma grande casa lá e tinham três filhos naquela época. Aí Will tinha me conhecido e realmente se apaixonado. Ele disse:

> **Will:** Ela era fofa, incrível. Era muito animada e positiva. Ela era tudo que [a minha esposa] não era. Mais importante, ela queria um futuro, não queria apenas [gesticulando dinheiro].

Então, ele estava fazendo vários trabalhos diferentes e ganhando dinheiro para separar-se da esposa.

Mischele perguntou se ele tinha lido o meu livro e, inicialmente, ele ignorou a pergunta. Depois, porém, revelou mais:

> **Will:** Bom, eu também estava fazendo outros trabalhos... E algumas das coisas que a Mary questiona nos livros — alguns dos trabalhos que eu estava fazendo — como eu disse, nem tudo é mentira. Nem tudo é tão

rebuscado quanto pode parecer. Era muito útil as pessoas terem vários passaportes... e se fazer de camaleão onde quer que você tenha que se ajustar. E, pra ser bem honesto, naquela fase... não havia nenhum valor real em fazer o que precisava ser feito.

Era salada de palavras, mas de novo dava a entender que o trabalho da CIA era real e revelava que ele realmente lera o meu livro. Ele me descreveu como uma "alma gêmea" e também disse que havia coisas que simplesmente não seria capaz de explicar. No entanto, passou a fazer uma descrição detalhada da minha vida, quase que apenas de mentiras completas.

Will: Esqueça o livro por um segundo, esqueça a perspectiva que está pintada. Você sabe como reagiu antes a coisas como essa. Sabe como se sente. E é provavelmente o mesmo nesta situação...

Mary veio de uma família muito próspera. Ela era a estranha no ninho. Sua família era muito respeitada em Edimburgo, o pai era vice-presidente da BBC e a mãe era, na verdade, da realeza escocesa...

A realeza escocesa não é muito importante porque eles são parte do Reino Unido agora, mas em algum momento teria sido importante. E lá na Escócia ainda significa algo, porque é um povo muito nacionalista...

Então, para ela, isso era bem importante, era realmente importante. Hm, e a mãe dela era adorável, eu gostava dos pais dela, mas eu amava sua mãe — queria que ela fosse minha mãe — ela era uma mulher incrível, incrível. Era bem sisuda... você sabe que algo precisa ser feito, é assim que as coisas são... Ela era uma ótima anfitriã.

Mary era rebelde; sua primeira jogada foi abandonar os estudos. Namorava um cara que tocava violão; ele cantava em uma banda pequena e tinha filhos de quem quer que estivesse com ele por mais de cinco segundos. Ela era uma groupie. Teve uma criança com ele. E ela morava em um apartamentozinho. Mas estava, eu acho, em sua terceira hipoteca. *(risos)*

Mary tinha um vínculo com seus pais, seus primos, sua filha... *(vários movimentos de mão)* e trabalhava para a Câmara de Midlothian, então provavelmente ganhava cerca de 20 ou 30 mil por ano — o que para Edimburgo não é tanto.

Era muito rápida: podia colocar A, mais B, mais C, mais D, 'quer dizer que se eu fizer isso, isso e isso', e aí pode aplicar lógica em tudo isso.

Então, quando começamos a ficar juntos... no começo, achei que não ia dizer nada pra ela, mas que ela veria aonde as coisas estavam indo.

Quer dizer, eu estava feliz; estava genuinamente feliz. Essa foi a maior perda de toda aquela era (*mãos fazendo círculos*) para mim, porque ela era uma pessoa incrível.

Ela foi razoável, se você está feliz em cooperar, então estou feliz de seguir assim. Você não precisa morar aqui; não tem que fazer o que está fazendo. Se deseja abrir um negócio — porque ela sempre quis abrir o próprio negócio. Você tem seus motivos — faça isso!

Entrei em um carro que funcionava dia sim, dia não. Ela disse: "Tudo bem, vamos comprar um carro pra você, vamos construir uma vida aqui! Você vai ter que transferir uma quantia X de dinheiro para essa conta bancária". E ela fez como disse que faria. De novo, desde que não fosse na frente dela. Não seria lá, essa era a questão. Nós nunca nos entrecruzamos. Antes de ficarmos felizes, é só — eu chamo de a vontade de Deus dos vira-latas que viemos pra cá, porque ok, já chega... hm, mas estava tudo bem — isso durou anos — nós ficamos juntos por cinco anos, acho.

Mischele: Cinco ou seis anos, acho que ela disse.

Will: E isso, você sabe, muito honestamente, isso teria durado para sempre. Não teria mudado.

Mischele: Não teria sido mais fácil deixar [a sua esposa] e aí você poderia simplesmente ter vivido feliz para sempre com a Mary?

Will: E era pra isso que as coisas estavam se encaminhando... Tínhamos uma empresa separada lá. Dinheiro estava sendo canalizado para as coisas... Estava sendo canalizado para a casa no nome dela. Eu confiava nela. Não é como se eu tivesse uma coisa com "nós". Eu confiava nela. Ok, tudo bem, a casa precisa estar no nome dela, a conta bancária precisa estar no nome dela — e assim por diante. Para que essas coisas não causem problemas de repente, 'Bem, eu quero (*movimento de corte com a mão*) ficar com tudo'... Lembre-se... Tudo que eu queria era me certificar de que, ok, vocês ainda podem continuar vivendo — e eu quero fazer o mesmo. Não passei por tudo isso e trabalhei tanto pra acabar tentando encontrar troco pra um café. Sim, eu estava manipulando e manobrando as coisas para que eu pudesse parar e me mudar para outro lugar.

Então ele disse que eu era cúmplice do seu plano. Que o que mais o magoou sobre o meu livro foi que neguei estar envolvida no plano dele desde o começo. Mas depois ele também disse que entendia. Entendia que eu tinha que "escolher um lado" para garantir que as pessoas não pensassem que eu estava envolvida nas suas fraudes e que tinha, na verdade, recebido muito dinheiro, "múltiplos de sete dígitos", como ele disse. (Eu me lembro de receber ligações da outra esposa perguntando se eu tinha recebido dinheiro dele, suponho, agora, porque ele estava dizendo a ela a mesma coisa. Na época eu estava distraída por ter descoberto que a minha mãe estava com uma doença terminal.)

Will: E, sim, [minha esposa] é totalmente eficiente. Ela é como um cachorro com um osso quando começa algo [faz movimentos de arranhar a mesa com os dedos]. Começa pensando: 'Ok, você tem um emprego. Cadê todo o dinheiro? (*tamborilar de dedos na mesa*)... Cadê o resto do dinheiro?' Mas — ela tá escolhendo um lado, e tudo isso só vai pra debaixo do tapete. E eu me senti, sinceramente, eu me senti enganado. Não estava esperando isso. Não previ isso. Porque eu não tinha enfiado nada em um colchão, só pra mim. Não tinha feito isso. Porque isso nunca passou pela minha cabeça. O que estava debaixo do colchão pra mim estava nessa situação. Eu nunca tinha pensado sobre isso — então pensei tipo assim, 'Ok. Lição aprendida.'

E... sabe — é essa a bagunça — mesmo — por trás de tudo isso. Sempre custa caro...

E... as duas, não importa o que eu diga sobre elas, foram o melhor que puderam à sua maneira, dada a situação delas. O dinheiro as deixou, presumo que tenha ido pra todas as coisas que deveria ter ido. Com certeza, da perspectiva da [minha esposa], apesar de tudo, ela sempre cuidou muito bem das crianças, isso é algo importante pra ela.

Mischele: Ela diz que está recebendo ajuda do governo agora.

Will: Não é a mesma coisa que aqui... Ela não tá recebendo assistência social. Lá, como mãe, você ganha uma certa assistência, não importa qual seja o caso. E não vai pros homens, vai direto pras crianças. Porque eles tiveram vários problemas com os homens bebendo e tudo mais. Então é literalmente pras crianças. Então digamos apenas que ela é mestra em não, não conseguir o que deveria. Quem sabe como é a assistência especificamente, quanto ela ganha, se está com outra pessoa [encolhe os ombros], eu não sei.

Mischele: Nenhuma delas seguiu em frente desde então.

Will: Bom, as duas meio que (*acena com a mão para frente e para trás*), mas, como eu disse, não sou uma boa fonte de informação.

(Todas as coisas que Will Jordan disse sobre mim são absurdas. O ridículo é que o que mais me irritou não foi a sua ultrajante acusação de que não só fui cúmplice do seu plano e me casei com ele sabendo que ele já era casado e tinha filhos, nem que eu tinha "múltiplos de sete dígitos" do seu dinheiro e tinha pelo menos uma casa que ele pagara. O que me irritou foi ele dizer que eu era a "estranha no ninho" da família, que abandonei a escola sem nenhuma qualificação, me tornei uma "groupie" e engravidei de tanto transar com várias pessoas. Especialmente porque sou uma viciada em aprender e tenho duas graduações e vários diplomas de negócios no meu nome — sendo a minha primeira faculdade de Música. Eu não era uma "groupie", eu era um dos músicos!)

Depois disso, Will começou a falar sobre ser capaz de desaparecer, ter contatos e preparar-se para entrar em uma nova vida se fosse necessário. Ele falou em termos práticos sobre o que era necessário fazer para conseguir isso.

Mischele perguntou sobre as outras vítimas americanas, e o que acontecera quando ele desapareceu por quatro anos (de julho de 2010 a 2014). Ele apenas disse que estava sozinho, quatro anos sem sexo, para que pudesse mudar o seu nome e número de segurança social, mudar a identidade e fugir da fiscalização. Mas então ele conheceu Mischele e eles tinham apenas "encaixado". Ele disse:

Will: Porque — é um encaixe! (*mãos estendidas*) Tipo... não é diferente de quando falo sobre a Mary. Eu não tava procurando. Foi isso que ela foi. Teve outras Marys antes, não teve nenhuma depois dela. Eu não tava procurando, não tava esperando isso. E não acho que a vida te dá exatamente o que você quer quando você apenas espera por isso. Acho que às vezes... Sabe, você é uma pessoa muito especial. E, se você olhar para nós, foi muito difícil tentar deixar isso claro, porque eu genuinamente tive que lidar com uma revisão de carma. Porque você tava passando por coisas, e eu — e eu realmente tive que fazer esse tipo de revisão de carma.

Eles conversaram brevemente sobre o divórcio de Mischele e, em seguida, ela retomou o assunto.

Mischele: Como eu disse, tenho muitos "por quês", mais do que qualquer coisa. E fico feliz por ouvir o seu lado da história, tipo, você não tem ideia do quanto sou grata por tudo isso. Sou, sou mesmo, porque, como eu disse, estou tentando encontrar meu próprio caminho no meio de tudo isso.

Will: E eu tô tentando de verdade — uma imagem realmente boa — boa — uma imagem tão ruim quanto — eu era ruim — negar isso significa negar quem eu sou. Porque você não pode valorizar isso se não conhece o passado.

Mischele: Porque, tipo, ainda tô tentando descobrir quem é você. Quem nós somos.

Will: Sou a mesma pessoa que era quando você me conheceu. A gente é o mesmo casal que a gente era. E... Eu sei que vai soar condescendente e realmente não é para ser, é a verdade. Se você realmente tiver sido sortuda na vida, nunca terá que ocupar a posição onde você tem que fazer as coisas. Porque quando você vive a vida do jeito certo, faz as coisas do jeito certo, trata as pessoas do jeito que deve tratá-las... não acaba em lugares onde é forçada a fazer isso. Essa é a verdade. Meu Deus, essa é a verdade honesta.

Não podemos recuperar este tempo, já passou.

Mischele: E é exatamente assim que me sinto, é como se... Porque, tipo, eu sinto que tenho — minha perspectiva é, tipo, sinto que fui incrível com você no ano passado, e a minha sensação é que você cagou.

Will: E isso seria inapropriado, ainda mais pensando no que você...

Mischele: E me sinto mal por isso. Então, sendo sincera, olha... foi bem difícil não mandar você simplesmente ir se foder, socar a sua cara e ir embora. Porque, acredita em mim, pensei nisso. Mas é, tipo...

Will: E eu estaria esperando isso, teria lidado com isso e então... no fim das contas, ninguém poderia culpar você por...

Mischele: Porque, tipo, os últimos dois meses foram muito difíceis!

Will começou a perguntar que horas eram, mas a fita estava abafada e eu não conseguia entender exatamente o que ele estava dizendo.

Mischele: Não tenho ideia. Ahn... *(pega o telefone para ver a hora)* São duas horas.

Will: Ok... hm, tenho que ir. Mas eu entendo, você não tem que culpar os outros pelo passado. Essa é a sua parte de — e decidir o que é importante, o quanto é importante.

Mischele: E, como eu disse, é por isso que quero... te ouvir antes de chegar a uma conclusão. Porque sinto que devo isso a mim mesma. Porque eu — toda aquela coisa com meu ex, sinto que engoli tudo... Super-rápido. E então eu incluí você na vida dos meus filhos, da minha mãe, da minha avó, de colegas... e incorporei você completamente, e não recebi nem metade disso em troca. Porque você sempre me manteve à distância, e você, tipo... me negou a comunicação e a estabilidade que implorei e implorei e implorei.

Will: Foi algo que, de novo, sinto que — na época, pensei que tinha que fazer. E expliquei o porquê. E mesmo que você não concorde, pelo menos tem uma perspectiva para entender a partir de agora. E, dessa maneira, você pode esquecer isso. No que se refere à sua família, às crianças, coisas assim — é.

Mischele: Tô tentando ser paciente, mas sinto que tenho sido paciente por muito tempo. E eu sei que tá acabando — tá acabando.

Will: Não, não, nem é sobre acabar. Em algum ponto no tempo, mesmo psicologicamente com medo... você tem que ter o seu *(traça uma linha na mesa)* limite. E você tem que — hmmm... Eu não sei o que é, não preciso saber. A questão é, desde que você saiba a diferença entre fazer cada coisa, serei honesto com você sobre como e quando posso fazer cada coisa. E não estou pegando leve. É um tipo diferente de conversa. É um tipo diferente de revelação. *(barulho)* Não fui desonesto, não recuei ou quebrei o contato visual e mudei de assunto. Tentei ser o mais consistente que pude sobre alguns dos assuntos mais difíceis *(cortando a mesa)*.

Mischele: E, como eu disse, fiquei grata pela sua franqueza.

Will: No fim das contas, se você atingiu esse ponto onde, ok, não tá rápido o suficiente ou não vale a pena, então ok, e não vale a pena. É o que é. Pelo menos não vai ser porque não foi feito nenhum esforço pra realmente se fazer algo, vai ser por causa de uma série de outras coisas que você, só por ser esse tipo de pessoa que você é — teria que levar adiante — dúvidas e inseguranças ou qualquer tipo de...

Mischele: Tenho muito disso.

Will: Você não merece isso. E, em todo esse tempo, se isso não serviu a nenhum outro propósito além de colocá-los em perspectiva, então valeu a pena. Porque não quero gastar o resto da minha vida sem falar com alguém... vivendo a vida como divorciado. E se você tentasse ir embora, eu tentaria deixar isso...

Já fiz merda suficiente; não tô tentando repetir isso. Acho que poderia ser alguma coisa — mas estou perfeitamente preparado para — se for esse o caso — pelo menos você está em uma posição... Então é assim que... Justifico isso para mim mesmo. E isso faz com que funcione.

Mischele: Só estou esperando um pouco mais de clareza.

Will: Vai ficar mais claro. Espero que esteja um pouco mais agora do que às 11h... e então vamos apenas *(corta sobre a mesa)*.

Mischele: Está mais claro. E, como eu disse, eu...

Will: Vamos continuar a conversa no seu carro? Tenho umas reuniões.

Eles pegaram as coisas e entraram no carro para ir embora. No carro, Will pediu a Mischele que o deixasse em um lugar onde ela não tinha estado antes. Eles conversaram sobre coisas gerais novamente, e então Mischele disse:

Mischele: Não sei, às vezes só me pergunto, por que eu? Tenho a pior sorte da vida. É por isso que você aparecer foi tão incrível, porque ia ser diferente. Era pra ser um novo começo. Era pra ser incrível.

Will: Ainda é incrível. Foi incrível e você é incrível.

Mischele: Mas você tem que começar do zero.

Will: Mmm mmm [sim].

Mischele: Sei que você tá tentando e eu tô... realmente tentando ser paciente, estou mesmo.

Will: A gente faz o melhor que pode com os recursos que tem. Espero que isso coincida com você fazendo o mesmo. Isso é tudo que posso pedir. Não posso fazer melhor do que isso.

Mischele: Estou tentando.

Will: Eu também. Grandes expectativas e tudo mais — algo que nunca acontece.

Mischele: Não garanto nada, mas estou tentando ser justa e aberta e honesta.

Will: Isso é tudo que posso te pedir. Isso é tudo que você está me pedindo.

Mischele: Exato. Especialmente, tipo, essa parte da HONESTIDADE. Isso tá me matando.

Will: É bem aqui — me deixa aqui.

Eles se despediram e Will saiu do carro e foi embora. Ao partir, Mischele falou consigo mesma e com as pessoas que iriam assistir ao vídeo.

Mischele: É tudo papo furado, furado, furado, furado — só isso. Só besteira e mentiras. Plaza 14/15, rota 70. É onde o deixei. Ele mora aqui? Trabalha aqui? O que ele faz? Só Deus sabe, porra!

"Jesus, que Deus me ajude", disse ela, com um suspiro profundo.

"Se eu conseguir fazer isso amanhã, se eu puder pegar as outras filmagens com a confissão com tudo, você ferra ele. Vamos ver.

"Jesus, Maria e José.

"E eu nem sou católica!"

Achei fascinante transcrever o vídeo e, ao mesmo tempo, bem irritante. Isso me permitiu analisar a linguagem corporal e a estrutura das palavras de Will de forma detalhada, e realmente muito pouco faz sentido por escrito. A linguagem corporal é de fato o mais importante.

Will Jordan explicou suas ações, uma a uma, em um tom de voz completamente razoável, como se ele fosse a parte lesada na realidade, mas ainda sendo magnânimo em relação a tudo isso. Ele deixou lacunas nas explicações e usou gestos que fizeram Mischele terminar as frases.

O mais estranho de ouvi-lo falar no vídeo é que tive que me dar tapas mentais várias vezes, porque comecei a pensar "Ele realmente acha isso?" e precisei me lembrar de que ele realmente não acha. Ele sabe exatamente o que está fazendo e as suas táticas são muito claras.

Will Jordan usa projeção e ressignificação — fazendo com que pareça que os seus crimes contra outros, enganando, roubando e manipulando, foram, na verdade, cometidos contra ele. Ele usa a salada de palavras e a conversa sem sentido quando Mischele faz uma pergunta, dando respostas longas e ininteligíveis que a distraem enquanto deixam as perguntas sem respostas. E tenta brincar com as emoções dela, afirmando o quanto me amou, e como isso foi o "maior arrependimento daquela época" — suponho que seja para tentar fazê-la sentir ciúmes (e/ou desejo de ser amada por ele assim também). É apenas isso.

Quando Mischele perguntou sobre a condenação por crimes sexuais contra uma jovem, Will deu a desculpa de que isso foi uma vingança da sua esposa pelos seus casos — mesmo que ele tenha se declarado culpado no tribunal e tenha recebido uma pena de prisão de quinze meses por isso. Ele explicou à outra vítima que se declarara culpado puramente para proteger a garota de ter que testemunhar no julgamento, algo que agora ele percebe ter sido um erro porque a condenação o persegue.

Embora Will Jordan não admitisse seus crimes nessa conversa de três horas, Mischele não iria desistir.

casei com um
PSICOPATA
Mary Turner Thomson

FIM DE JOGO

Em um ato supremo de controle, Mischele continuou a enrolar Will Jordan dia após dia, recolhendo cada vez mais informações. Tinha horas de filmagens, incluindo conversas com os pais dele, que pareciam (assim como o próprio Will Jordan) totalmente calmos e amigáveis com ela.

Semanas se passaram e ela estava ficando mais angustiada e nervosa. A mãe de Mischele falou comigo, preocupada com a filha. Não apenas no que dizia respeito ao seu estado mental, mas com a possibilidade de ela realmente arriscar a sua integridade física por causa do Will.

Então, um dia, recebi uma mensagem frenética da mãe de Mischele. A sua filha desaparecera.

Já se passara metade do dia e não havia sinal de Mischele. A mãe dela já chamara a polícia e, por causa da situação (e o fato de que eles estavam trabalhando com Mischele para ajudá-la a reunir evidências), eles ignoraram a regra de "ser necessário estar desaparecido por 24 horas" e começaram a procurá-la.

Tentei tranquilizar a mãe de Mischele ao dizer que não achava que Will Jordan era violento ou fisicamente perigoso. No entanto, me lembrei de um relato de uma das vítimas britânicas de como ele explodira de raiva e a segurara contra a parede pela garganta — tudo porque ela o tinha desafiado. Eu nunca tinha visto Will Jordan com raiva, e apenas uma vez vivenciei sua ira por telefone (depois de eu responder a perguntas da polícia sobre o meu carro sendo dirigido pelo meu "marido", destacando para eles que ele era na verdade um bígamo).

Eu estava preocupada com Mischele, e a sua mãe estava apavorada. Nós ligamos e ligamos para o telefone dela e enviamos mensagens por e-mail e pelo Messenger, apenas esperando que algo simples a tivesse afastado e a deixado offline.

Finalmente Mischele reapareceu. Ela fechara-se em si mesma devido ao estresse emocional e decidira afastar-se de tudo naquele dia. Descera para a praia e caminhara e caminhara por horas (desligando o telefone e deixando-o no carro). Ao voltar, ficou constrangida por ver tantas ligações e mensagens. Ficamos muito felizes por ela estar bem.

Então, enfim, após dez semanas num jogo de gato e rato de xadrez psicológico com um psicopata, Mischele conseguiu as evidências de que precisava. Will Jordan confessou diante da câmera que a tinha enganado, fazendo-a pagar pela "autorização de segurança" com Tom Chalmers.

Em abril de 2014, trabalhando com a polícia, ela contatou Will para marcar um encontro no estacionamento de um shopping local. Mischele observou conforme ele chegou e foi algemado e conduzido para a parte traseira de um veículo da polícia.

William Allen Jordan foi acusado de fraude e "violação sexual mediante fraude". Além disso, Mischele me disse que a Segurança Nacional dos EUA estava investigando-o porque ele alegara ser um espião estrangeiro em solo americano!

Mischele conseguiu finalmente relaxar um pouco.

Como eu, Mischele decidiu que não tinha nada de que se envergonhar ou constranger e, portanto, levou a sua história a público. A história saiu nos jornais locais cinco meses depois, em setembro de 2014, logo após Will Jordan ser libertado da prisão com a fiança paga pelos seus pais.

Algumas semanas depois, outra mulher entrou em contato com Mischele e comigo. Ela vira a foto do seu novo namorado nos jornais e decidira falar conosco. Essa mulher conhecia o pai de Will, John, do clube de boliche local, havia cinco anos. Um dia, John levara Will para o clube e o apresentara a ela. Eles deram-se bem imediatamente e começaram a namorar — até que ela viu o artigo do jornal sobre a sua prisão e o que ele fizera a Mischele. A mulher ficou surpresa que o pai de Will, um homem que ela conhecia havia vários anos, a tinha jogado para o seu filho sem nenhuma preocupação com o bem-estar dela!

Will Jordan foi levado a julgamento em 6 de fevereiro de 2015 e declarou-se culpado por fraude. A acusação de violação sexual mediante fraude foi retirada porque era muito difícil de provar, e ele recebera e aceitara uma oferta e de acordo judicial de três anos por admitir a sua culpa por fraude. A investigação da Segurança Nacional não seguiu adiante — provavelmente quando perceberam que ele não era um espião estrangeiro, não acharam que valia a pena seguir com isso. Mischele estava furiosa por ele escapar impune dos danos pessoais que tinha causado e apenas ser responsabilizado pela fraude financeira, mas não havia mais nada que pudesse fazer. Uma mulher incrivelmente forte, ela não se intimidou e heroicamente decidiu mudar a lei nos EUA para tornar a "violação sexual mediante fraude" mais fácil de processar. Mas essa já é uma outra história!

Mischele e eu continuamos a conversar regularmente e ainda nos falamos. Ela é uma mulher formidável e poderosa que quis parar Will Jordan, ou pelo menos desacelerá-lo, com tanta força quanto eu ainda hoje quero. Ambas sentíamos que era muito importante fazer tudo o que podíamos para proteger futuras vítimas.

Aparecemos juntas em vários programas de TV nos EUA e no Reino Unido, programas como *The Security Brief* e *NBC Dateline*, assim como vários documentários, como *The Internet Date from Hell, Evil Up Closer* e *Handsome Devils*.

Depois de cada programa, recebíamos mensagens de novas vítimas, cada uma com a própria história para contar, mas sempre com o mesmo tema: *love-bombing*, mentiras, farsas, *gaslighting* e fraudes. Will Jordan repete o seu padrão de novo e de novo. A única maneira de mostrar ou provar isso é tornar essas histórias públicas, contá-las várias vezes. No entanto, tenho certeza de que os meus leitores já entendem o padrão a essa altura. Todas as vezes, em que foi pego, Will Jordan diz que quer mudar e que "finalmente" encontrou a sua "alma gêmea" e, claro, ele não fará o mesmo com a próxima mulher.

Uma história realmente me atingiu, no entanto, e demonstrou um lado mais sombrio dos atos de Will Jordan. Uma mulher chamada Belle nos contatou depois do nosso episódio no *NBC Dateline*. De forma extraordinária, ela sentara-se no controle remoto enquanto trocava de roupa para o trabalho, e o canal havia mudado para a NBC. Na tela estava o homem que havia desaparecido da sua vida dois anos antes, sem explicação ou comentário. Ela achava que ele cometera suicídio.

casei com um
PSICOPATA
Mary Turner Thomson

BELLE

Mais ou menos na mesma época em que Mischele estava começando a conhecer Will Jordan em fevereiro de 2012, Belle tinha 31 anos e morava na Filadélfia. Foi então que ela conheceu Guillaume Jones-Jordan, um pediatra de 37 anos de New Jersey.

Belle já tivera uma vida difícil. O pai dela morreu quando a mãe estava grávida de oito meses dela e, depois, a mãe morreu de câncer de estômago quando ela ainda era nova. Órfã em idade tão tenra, ela foi levada para morar com a melhor amiga da sua mãe na Austrália e atravessou o mundo para uma vida totalmente nova. Como se isso não bastasse, Belle também foi vítima de abuso nas mãos do homem que ela pensava ser o seu avô.

Aos 16 anos, ela voltou para os EUA e buscou emancipar-se (a emancipação de menores é um mecanismo legal nos EUA pelo qual uma criança, antes de atingir a maioridade, é liberada do controle de pais ou tutores, e os pais ou tutores ficam livres de qualquer e toda responsabilidade para com a criança) para que pudesse viver sozinha sem um tutor legal. Ela apaixonou-se pelo seu namorado do colégio e se casou com ele quando ainda tinha apenas 16 anos de idade. Teve gêmeos aos 17, uma filha aos 18 e depois o quarto filho em 2002 aos 21 anos.

Belle era mãe e dona de casa, mas, quando as crianças começaram a escola, fez faculdade e tornou-se enfermeira. Ela me disse que o seu casamento não era feliz, no entanto. O marido era verbalmente agressivo e depois tornou-se violento. Quando ele, por fim, engravidou outra mulher, Belle pediu o divórcio e, ao chegar aos 31 anos estava solteira havia um ano e sentia-se um pouco solitária.

Belle tentou manter-se ocupada, mas foi persuadida por amigos a encontrar o "amor" online. Ela entrou no Craigslist para ver o que havia lá. Surgiu uma foto de um cara de aparência decente, vestindo jaleco de hospital e afirmando que o seu nome era Guillaume Jones-Jordan. Ele parecia ter um bom trabalho e dava a impressão de ser um homem normal e bom. Sentindo que tinha algo em comum com esse cara porque ele também trabalhava em um hospital, ela lhe mandou uma mensagem.

Os dois trocaram mensagens por três semanas, e ele parecia realmente genuíno. Eles conversavam por telefone e por mensagem de texto, todos os dias e o dia todo. Belle achou o nome "Guillaume" difícil de falar, então ele lhe disse "apenas me chame de Gee".

Por fim, eles decidiram se encontrar e combinaram um café. A prima da Belle morava com ela e as crianças, de modo que ela não precisava se preocupar com o cuidado delas. Os seus filhos estavam agora com 14, 13 e 10 anos, então ela podia ter um pouco de liberdade, contanto que estivesse de volta a tempo de acordá-los pela manhã.

No dia em que se encontraram pessoalmente, Gee dirigiu de New Jersey para a Filadélfia para buscá-la e eles foram a um café. As coisas simplesmente pareciam fluir de forma muito natural. Os dois conversaram por horas e ele compartilhou a sua história com ela. Gee contou que o seu pai trabalhava e a sua mãe era bipolar, e, quando ele era criança, ela o punira de maneiras ruins. Uma vez ela o tinha mergulhado em água fervente, escaldando a sua virilha — ele ainda tinha as cicatrizes de queimadura ao redor da virilha e na parte superior das coxas. Outra vez ela o tinha colocado do lado de fora na neve com apenas uma camisa e uma fralda e um vizinho o encontrara e relatara ao seu pai. O pai dele ficara tão preocupado que enviara Gee para a Inglaterra para morar com parentes em Oxford. Belle perguntou por que ele nunca tinha feito enxertos de pele para as queimaduras e ele respondeu que o pai só queria levá-lo para longe e em segurança para a Inglaterra, então as cicatrizes apenas sararam por conta própria.

Gee disse que Oxford era ok e ele gostava de lá, mas as outras crianças da casa não gostavam dele. Isso o fez estudar mais e ele recebeu uma boa educação, obtendo o diploma de médico e especializando-se em trauma pediátrico. Ele tinha tido relacionamentos — na verdade, casara jovem com uma mulher mais velha que não lhe disse que era infértil e não podia ter filhos. Quando esse casamento terminou, ele viajou muito e fez estágios em diferentes hospitais. Ele passou um ano trabalhando para a SMILE, a instituição de caridade que fornece cirurgias para crianças carentes. Ele tivera um relacionamento com uma garota no México, mas, ao voltar para os EUA, ela não quisera ir com ele nem continuar à distância, então esse relacionamento também tinha acabado. Ele tivera outro relacionamento com uma garota no Texas, mas ela era "louca" e então ele terminara. Quanto ao trabalho, embora fosse médico e cirurgião, o diploma e as qualificações de Gee eram do Reino Unido e não dos EUA, então ele tinha que trabalhar no hospital como enfermeiro até completar 200 horas de serviço e passar por uma avaliação.

Belle sentiu uma conexão com ele, pois tinha um passado semelhante. Sabia como era perder a família e ser mandado para o exterior. Reconhecia esse homem "ferido" como alguém semelhante a ela, alguém que tinha superado as dificuldades colocadas no seu caminho.

Eles estavam se dando tão bem no café que Gee disse que a levaria para o seu restaurante favorito para eles comerem algo — logo após a divisa de estado em New Jersey. Eles partiram no carro dele, mas o "lugar favorito" estava fechado. Ele disse que conhecia um hotel próximo com um bar.

Belle disse: "Não, não vou para um hotel", mas Gee a tranquilizou dizendo que estavam indo lá apenas para tomar uma bebida e nada mais, então ela concordou. Ele parecia tão cavalheiresco e passava segurança que ela não achou nada de mais.

No bar, Belle bebeu duas taças de vinho. Não havia comida, então o vinho a deixou um pouco tonta. A próxima coisa de que teve consciência foi de acordar nua em um quarto de hotel ao lado de Gee. Ela estava desorientada e confusa, mas ele lhe disse que ela desmaiara depois de ficar bêbada no bar, então ele pensara que não era prudente levá-la para casa, mas, em vez disso, arranjara um quarto de hotel para os dois. Ela sentiu-se profundamente envergonhada por ter ficado tão bêbada tão rápido, mas não comera nada, então com certeza era compreensível. A única coisa clara era que Gee ainda estava sendo um cavalheiro e mostrando preocupação com o seu bem-estar. Belle desculpou-se por ficar tão embriagada.

Ele a levou para casa antes de amanhecer para que ela voltasse antes que os filhos acordassem.

Três dias depois, encontraram-se de novo. Ele trouxe flores para ela e os dois saíram para comer uma boa refeição juntos. Encontraram-se novamente cerca de dois a três dias por semana depois disso. Ele parecia ter muito dinheiro e comprava presentes para ela, levando-a para sair e cuidando dela. Ela o encontrava no hospital infantil onde ele trabalhava, St. Christopher. Ele costumava estar vestindo o jaleco com o logotipo do hospital e parecia perfeitamente à vontade no local de trabalho. Muitas vezes ela o via com grandes quantias de dinheiro, milhares de dólares em uma ecobag. Ela perguntou por que ele tinha tanto dinheiro em espécie e Gee lhe disse que era um costume herdado na Inglaterra, onde as pessoas não confiavam muito nos bancos. Ele disse que estava mudando de conta bancária e, portanto, tinha sacado o salário em dinheiro para depositar em outro banco. Belle era muito conhecedora do mundo e falou que isso era bobagem, mas ele apenas comentou que estava economizando e tinha uma surpresa, só que ela teria que esperar para descobrir o que era.

No terceiro encontro, Gee disse que estava exausto e perguntou se eles poderiam pegar uma pizza e voltar para o apartamento dele pra ver um filme em vez de sair. Essa foi a primeira vez que ela viu onde ele morava — um apartamento perto da Kings Highway em Cherry Hill, New Jersey. Era um apartamento agradável o bastante, com cozinha, sala, banheiro e quarto. Havia espaço para uma mesa e Belle notou os prontuários de pacientes ali — Gee disse que precisava do espaço do escritório quando trabalhava em casa. Ela também viu contas e cartões de crédito em nome de Guillaume Jones-Jordan na sua mesa. Depois de algum tempo, Gee lhe deu uma chave do apartamento e o código da entrada principal, e eles ficavam juntos lá cerca de quatro noites por semana. Por causa da sua experiência anterior com o marido, Belle decidiu não o apresentar aos seus filhos, pelo menos não ainda, então ela sempre estava em casa antes do amanhecer.

Quando o relacionamento se tornou íntimo, Belle viu as cicatrizes de queimadura em torno da virilha. Eram visíveis e bastante perceptíveis. Gee disse que as cicatrizes afastavam algumas mulheres e ele ficava constrangido com elas. Ela assegurou-lhe que não as considerava um problema.

Um dia, Gee disse que tinha uma confissão sobre o dinheiro. Ele estava economizando para comprar uma casa e iria fazer isso para que ele, ela e os filhos dela ficassem juntos. Ele queria que eles vivessem em uma região boa para que as crianças pudessem ir para uma escola de qualidade e fossem apanhadas toda manhã pelo ônibus escolar.

Ele a levou para ver a casa. Era linda. Gee já tinha a chave e a levou para dentro para ver o "trabalho em andamento". As ferramentas estavam na cozinha e ele claramente estivera trabalhando para deixar tudo pronto. Gee acendeu uma lareira, eles fizeram uma cama improvisada e ficaram lá a noite toda fazendo planos para o futuro. Ele lhe disse que queria que tivessem um filho juntos e, quando Belle comentou que precisava sair para comprar anticoncepcional, ele implorou que ela não o fizesse.

Então as coisas começaram a mudar. A mãe de Gee foi para o hospital e ele passou por momentos difíceis tentando sustentar os pais e as contas médicas dela. Belle nunca conheceu o pai dele, mas falou com ele ao telefone algumas vezes e Gee se referiu a ela como a "futura nora" do pai. O pai de Gee ligou para ele um dia e Belle pôde ver pela ligação que ele estava pedindo dinheiro outra vez. O pai não tinha o suficiente para pagar pela medicação da esposa e Gee disse que não tinha mais para dar. Belle se ofereceu para ajudar financeiramente — ela lhe disse para falar para o pai que eles arranjariam o dinheiro e passou a dar a Gee entre cinquenta e cem dólares de cada vez. Afinal, estava vendo esse relacionamento como uma coisa de longo prazo, então queria contribuir para a família da qual estava tornando-se parte. Além disso, Gee logo estaria recebendo um salário muito melhor, uma vez que tivesse concluído as 200 horas de trabalho em um hospital americano e obtivesse a licença para praticar cirurgia lá.

Às vezes, Gee tinha que fazer viagens, ir em conferências médicas e coisas do tipo, em geral apenas por alguns dias aqui e ali. Uma vez ele voltou para a Inglaterra e disse que queria levar Belle com ele, mas sabia que ela não seria capaz de deixar as crianças por tanto tempo.

Certa vez, Belle lembra que eles foram parados pela polícia. Ela ficou surpresa com o quão tranquilo Gee foi com eles, muito calmo e profissional. Ele explicou que estava dirigindo o carro do pai, por isso não tinha os documentos. Fingiu procurar a carteira de motorista, mas não conseguiu encontrar. O policial simplesmente o liberou sem advertência ou multa. Belle lhe perguntou como ele sabia falar com a polícia com tanta confiança e ele explicou que tinha lidado com a polícia em uma capacitação profissional na Inglaterra e sabia o que dizer por causa disso.

Em julho de 2012, Belle ficou enjoada uma noite enquanto jantava no apartamento dele. Animado, Gee sugeriu que ela poderia estar grávida. Belle não achou que isso fosse possível e respondeu: "Sem chance!". Ele insistiu em atravessar a rua correndo para comprar um teste de gravidez. Deu positivo. Gee estava muito animado e Belle estava atônita.

Gee ligou para o pai para lhe contar e depois passou o telefone para Belle. O pai dele a parabenizou e disse: "Nosso primeiro neto! Isso vai ajudar muito a mãe de Gee; vai dar a ela algo pelo que esperar e lutar". A empolgação de Gee e do pai começou a contagiar Belle e ela passou a ficar animada também. Gee queria finalmente conhecer os outros filhos dela e Belle disse que consideraria isso, mas não naquele momento. O seu relacionamento anterior a impedia de expor os filhos a outro homem até que tudo estivesse completamente seguro.

Depois que Belle engravidou, Gee lhe disse para não ir mais à casa que ele estava fazendo para eles. Ele lhe disse, com alegria, que estava construindo um cômodo extra no quarto como um berçário e, portanto, havia colocado mais trabalhadores lá. Havia poeira por toda parte, o que não seria bom para ela ou para o bebê. Belle não viu isso como um problema e basicamente ficou afastada até que, um dia, apareceu de repente para ver como tudo estava indo. Quando chegou lá, notou alguns sapatos e roupas infantis, bem como alguns itens femininos na casa. Ela advertiu Gee e perguntou o que estava acontecendo. Ele respondeu que estava limpando os armários e encontrara lixo deixado lá e estava apenas jogando tudo fora. Até lhe mostrou os fundos da casa, onde havia muitos sacos de lixo e a repreendeu por não confiar nele.

Então, em setembro de 2012, Belle teve um aborto espontâneo. Gee disse que isso era culpa dela, dizendo que o seu coração estava partido. Ele parecia ter ficado deprimido, e eles só se viam uma ou duas vezes por semana. Quando se viam, Gee queria apoio emocional. Ele pediu a Belle para deixá-lo mamar e sugar os seus seios, fazendo o leite sair. Ela permitia porque isso o deixava feliz e simplesmente assistia aos programas dela e comia um lanche enquanto ele se deitava ao seu lado com a cabeça no seu peito. Depois, ele ficava excitado e eles transavam. Gee disse que tinha problemas devido ao abuso da mãe e uma das coisas que ele achava tão atraentes em Belle era o seu instinto materno. Isso durou meses até que finalmente Gee pareceu estar melhor e queria que eles tentassem ter um bebê de novo.

Por algumas semanas, Gee pareceu estar de melhor humor. Estava muito mais otimista e parecia mais interessado em Belle outra vez. Parecia finalmente tê-la perdoado pelo aborto. Em abril de 2013, Gee combinou de encontrar Belle para almoçar, mas depois ligou para dizer que não conseguiria chegar. Eles poderiam se encontrar para jantar em vez disso? No jantar, ela esperou, mas ele não apareceu. Belle ligou e mandou mensagem, mas não teve resposta. Dias se passaram. Ela estava desesperadamente preocupada que ele tivesse sofrido um acidente ou ficado doente.

Belle não tinha o número ou endereço do pai de Gee. Ela nunca conheceu qualquer um dos seus amigos, então não tinha ninguém com quem pudesse entrar em contato para perguntar onde ele estava. Ela sabia que ele trabalhava no Hospital Infantil St. Christopher, mas não sabia em que departamento ou a quem poderia perguntar sobre isso. Por fim, foi para o apartamento, mas o código da entrada principal não funcionou. Ela se perguntou se ele a havia deixado e estava apenas fazendo *ghosting*, sumindo assim, sem explicações. Ela ficou por ali e esperou que alguém entrasse no prédio. Vendo a chave na sua mão, deixaram-na passar pela porta principal. Ela subiu para o apartamento e descobriu que a chave não funcionava. Belle pensou que ele se mudara de volta para a Inglaterra — algo que ele ameaçara fazer quando estava deprimido — ou isso, ou podia ter surtado e cometido suicídio.

Foi assim que as coisas ficaram para Belle. Dois anos se passaram sem que ela tivesse qualquer notícia, nenhuma garantia de que ele estava vivo e nenhum encerramento, até uma noite, quando lhe ofereceram um turno extra no trabalho. Se vestindo depois do banho, ela se sentou na cama em cima do controle remoto. O canal mudou e na TV estava a *NBC Dateline*. Ela deixou passando enquanto continuava a se vestir. As entrevistadas estavam falando sobre um homem chamado William Allen Jordan, um bígamo e golpista, além de pedófilo condenado. "Esse cara parece um escroto!", comentou ela em voz alta.

Enquanto olhava-se no espelho para se maquiar, Belle avistou uma fotografia no reflexo da TV. Atordoada, virou-se e olhou para a televisão. O homem parecia Gee, mas não poderia ser ele, pois tinham nomes diferentes. Belle pegou o telefone, tirou uma foto da tela e mandou uma mensagem de texto para a sua amiga, perguntando: "Ele parece familiar?".

Imediatamente ela obteve uma resposta. "Ele está tentando entrar em contato com você de novo?"

"Ai, meu Deus, é ele mesmo!", respondeu Belle, contando para a amiga sobre o programa *NBC Dateline*.

Belle assistiu à transmissão e depois procurou Mischele no Facebook e lhe mandou uma mensagem. Ela não esperava obter sequer uma resposta. Para a sua surpresa, Mischele respondeu na hora e elas começaram a conversar.

Depois de falar com Mischele, Belle falou comigo também. Estava chocada ao ouvir tudo o que acontecera com as vítimas anteriores de Will Jordan, assim como as mulheres cujas experiências com Gee sobrepuseram-se às dela, incluindo Mischele, que começara a sair com ele em janeiro de 2013. Agora sabe de pelo menos duas outras mulheres que estavam em um relacionamento com Gee ao mesmo tempo que ela. Belle uma vez acordara ao ouvir uma mulher gritar ao telefone. Mesmo que Gee estivesse na sala e Belle no quarto, ela podia ouvir a mulher estridente. Quando ela apareceu e perguntou quem estava no telefone, a mulher gritou mais um pouco e então Gee desligou. Ele explicou que era a sua irmã e que ela estava infeliz com algo a ver com os pais deles. Belle não acreditara totalmente na época, mas não tinha evidências suficientes para descrer. Havia também uma mulher que ela vira na casa que Gee estava arrumando. Quando ela chegara para verificar o progresso, uma mulher e uma criança estavam lá dentro com Gee. Belle ligou para ele e Gee saiu dizendo que, por causa dos problemas de dinheiro, ele não podia arcar com os custos de eles viverem lá naquele momento e, enquanto isso, estava planejando alugar o local. A mulher era uma inquilina em potencial e ele disse: "Por favor, não estrague o negócio para mim". Analisando agora, Belle acha que a mulher provavelmente estava morando na casa com ele.

A retrospectiva oferece clareza. Foi só quando Belle estava relatando toda a história para mim que ela percebeu que Will Jordan provavelmente a tinha drogado e estuprado naquela primeira noite. Ao dar a impressão de ser um homem gentil, com boas maneiras e um comportamento tão agradável, você simplesmente não esperaria isso dele. Ele até a fez sentir-se culpada por desmaiar e Belle desculpou-se por lhe causar qualquer inconveniente. Você não espera que alguém drogue e estupre você e depois continue a se comportar de maneira tão gentil, até mesmo continuando com o relacionamento. Ele não demonstrava um comportamento agressivo que seria percebido como ameaçador. Além do mais, com o benefício de uma compreensão completa do que tinha acontecido, ela percebeu que era possível que ele tivesse planejado tudo. Provavelmente sabia que o seu "restaurante favorito" estaria fechado e talvez até mesmo tivesse reservado o quarto de hotel com antecedência.

Durante a primeira parte do relacionamento de Belle com ele, alguém estava lhe dando dinheiro — grandes somas de dinheiro de cada vez. Belle também se pergunta como ele conseguiu o uniforme do St. Christopher e os registros dos pacientes. Pareciam muito reais e ela perguntava-se agora se ele os roubara.

Quanto a ser parado pela polícia, Will claramente sabe bem o que dizer e para quem — inclusive como lidar com os policiais para que não percebam que ele não tem carteira de motorista. Nem sempre funciona, eu sei disso porque ele tem inúmeras acusações por dirigir sem habilitação e sem seguro, mas é interessante ter uma testemunha de como ele às vezes se safa. Até a polícia é enganada por esse golpista consumado.

O apartamento em que Will Jordan estava morando ficava do outro lado da rua onde ele foi preso em abril de 2014, capturado pelo fotógrafo da imprensa na armação policial organizada por Mischele.

Belle raras vezes namora hoje em dia e ainda está solteira. Também se sente mal por qualquer pessoa com quem chegue a sair, porque ela fica nervosa e começa a checar os fatos. Ninguém quer uma namorada que queira tirar suas impressões digitais e começar a investigá-lo, mas de que outra forma devemos todos fazer nossa "diligência devida"? Quando você conhece alguém pela primeira vez, simplesmente tem que confiar — todo relacionamento é baseado nisso.

Belle disse: "Ele é o maior criminoso que conheço". Ela o descreveu como puro carisma, levando qualquer situação na lábia. Se você fizesse perguntas, ele sempre tinha uma resposta pronta e convincente, e parecia haver evidências ao redor para verificar o que ele dizia — como os registros dos pacientes e as contas na sua mesa de escritório. Ela acrescentou: "Acho que eu sabia, de alguma forma, no fundo, que ele não era uma boa pessoa, por isso nunca o apresentei aos meus filhos. Alguma coisa, algum tipo de sentido aranha, estava ressoando no meu subconsciente". Gee sempre jogava com os instintos de maternidade e cuidado dela, acusando-a de não confiar nele, e isso a fazia se sentir culpada.

Belle não contou aos filhos sobre ele ainda, embora já sejam adolescentes. Ela escondeu isso da maioria dos amigos e familiares também, porque está envergonhada e não sabe direito como abordar o assunto. Ela disse que vai contar a todos um dia, e então riu, dizendo que poderia sugerir que eles lessem este livro primeiro!

casei com um
PSICOPATA
Mary Turner Thomson

CONVERSAS NO FACEBOOK

Nosso grupo de vítimas estava crescendo, e o novo grupo do Facebook era muito útil. Ele nos permitia conversar umas com as outras em qualquer lugar do mundo. Nós compartilhávamos histórias e experiências e falávamos sobre os problemas contínuos de recuperação, assim como compartilhávamos esperanças e medos. O fato de podermos falar sem precisarmos nos explicar foi muito acolhedor para todas nós — e especificamente sem qualquer tipo de julgamento. Todas nós sabíamos exatamente pelo que havíamos passado.

Da prisão, Will Jordan inscreveu-se em um programa especial chamado "Programa de Supervisão Intensiva" (ISP, em inglês). Ele foi criado para ajudar aqueles que cumprem um período mínimo de prisão e podem ser libertados antes de serem elegíveis para liberdade condicional. Permite que alguns criminosos sirvam o resto da sentença fora do ambiente tradicional da prisão, mas sob estrita supervisão. A ideia é que presos não violentos podem ser mais úteis trabalhando como voluntários em igrejas ou escolas em vez de ficarem na prisão. Isso significaria que Will Jordan poderia cumprir sua sentença na comunidade e não na prisão.

Mischele nos disse que tinha sido informada da candidatura dele e lhe perguntaram se tinha algo que ela queria que a bancada soubesse antes de discutir a questão. Ficamos todas surpresas por estarem sequer considerando a aplicação, dado o seu histórico e a condenação por pedofilia no Reino Unido.

Estávamos preocupadas que, se apenas Mischele escrevesse sobre as suas objeções ao juiz do caso, isso poderia ser desconsiderado, sendo apenas a perspectiva de uma pessoa. Em vez disso, todas nós escrevemos ao juiz, da Escócia, Inglaterra, México e EUA. Oito de nós escrevemos para o tribunal — mulheres colocando-se juntas, em uníssono para apoiar o testemunho de Mischele.

Funcionou e o pedido dele foi negado.

A sensação de validação foi incrível ao trabalharmos juntas, como um grupo, para impedi-lo.

A adesão ao nosso grupo no Facebook subia e descia ao longo dos anos com algumas participantes seguindo em frente quando sentiam que o momento havia chegado. Nós sempre verificávamos com os membros antes de convidar uma nova vítima para entrar no grupo — e falávamos com ela no chat de vídeo para termos certeza de que não era o próprio Will Jordan se passando por vítima.

Durante todo esse tempo, a outra esposa ainda estava me ligando e conversávamos regularmente. No entanto, ela também estava mantendo as linhas de comunicação abertas com Will Jordan e a família dele. Ela nunca conseguia se libertar totalmente. Em 2014, o seu filho mais velho, com 21 anos, entrou em contato e perguntou se podia falar comigo.

Como adulto, ele tinha direito à verdade e eu fizera uma promessa aos meus próprios filhos em 2006 que eu nunca mentiria para ninguém. Eu lhe disse que estava feliz em falar com ele e responder a quaisquer perguntas que ele tivesse, mas que não mentiria para a mãe dele se ela me perguntasse sobre isso.

Dano suficiente tinha sido causado por mentiras e enganos e eu não queria ter mais nada a ver com as mentiras de Will Jordan.

O filho queria saber o meu lado das coisas, então respondi a cada uma das perguntas de forma honesta e completa, exatamente como fiz com os meus filhos. Ele fez cada uma das perguntas educadamente e ouviu as respostas com calma, perguntando em detalhes o que Will Jordan tinha feito para nós e para outras pessoas.

Então ele perguntou: "Você acha que ele é um sociopata?".

"Não, acho que ele é um psicopata", respondi. "Quando escrevi meu livro, as definições eram ligeiramente diferentes e parecem ter mudado ao longo dos anos. Um psicopata nasce e um sociopata é resultado de suas experiências na infância. Acho que ele nasceu assim, embora provavelmente a criação não tenha ajudado. De qualquer forma, não acho que ele tenha qualquer empatia ou emoção pelos outros. Não acho que ele seja capaz de amar."

Ele me agradeceu de forma educada e disse adeus.

Pouco depois dessa conversa, recebi uma ligação furiosa da mãe dele. Ela perguntou se ele tinha me ligado e, como prometido, eu contei a verdade. Ela estava furiosa.

"Como você se sentiria se eu contasse a *seus* filhos que o pai deles é um sociopata?", rosnou ela para mim em fúria.

"Eles provavelmente diriam que ele é, na verdade, um psicopata e depois te diriam qual é a diferença!", respondi.

Ela não achou graça.

Depois de oito anos conversando várias vezes por semana ao telefone, ela cortou relações comigo por completo. Também brigou com Mischele porque o seu filho tinha falado com ela. A outra esposa disse que não queria mais nada comigo ou com os meus filhos. Depois disso, deixou o nosso grupo e bloqueou todas nós no Facebook.

De vez em quando, ela me desbloqueia e manda uma mensagem exigindo que eu pare de falar sobre Will Jordan, que remova qualquer menção a ela do meu livro e deixe o assunto para lá. Infelizmente, ela também convenceu os filhos a cortar relações com os meus. Espero que um dia eles entrem em contato de novo, pois isso é uma fonte de tristeza, especialmente para Eilidh, que tinha um bom relacionamento com todos eles.

Ainda sinto pena da outra esposa, no entanto. Não acho que tenha lidado com a situação e ela ainda se sente envergonhada com a possibilidade de que alguém descubra que ela está conectada a ele de alguma forma. Não acho que os seus filhos tenham sequer tido a chance de lidar com a situação, e de alguma forma acham que a culpa é minha por ele ter deixado a família deles. Também acho que ela ainda sente que ele a amava e acredita nele quando ele lhe diz que ela era especial — algo que a tornaria vulnerável a ele novamente no futuro.

casei com um
PSICOPATA
Mary Turner Thomson

NÃO DÁ PARA SALVAR
TODO MUNDO

Depois do episódio da *NBC Dateline* comigo e com Mischele em 2015, enquanto Will Jordan estava na prisão, também recebemos mensagem de uma mulher que estava muito preocupada com uma parente. Era uma das namoradas/vítimas mais jovens de Will Jordan. A mulher ficou perturbada porque a sua parente, Rachel, conhecera Will Jordan em um site sobre namoro na gravidez — o *PregnantDating* — antes de dar à luz uma filha (que aparentemente não era de Will Jordan) em 2012. A mulher pediu que eu e Mischele conversássemos com Rachel para ajudá-la a entender com quem ela estava envolvida.

Ambas falamos com Rachel e a apresentamos ao grupo do Facebook. Ela estava hesitante e nervosa e dizia que queria um tempo para pensar. Por um tempo, achávamos que a tínhamos convencido. Mas ela nunca pareceu estar totalmente conosco e estava claramente dividida.

Como Will estava na prisão, mantivemos contato com Rachel. De alguma forma, ele conseguia enviar flores para ela da prisão — possivelmente através dos seus pais. Ele escrevia para ela e enviava cartas de amor, contando como ela era o seu "único amor". Mesmo quando Rachel se mudou de New Jersey para Vermont, as cartas continuaram a chegar.

Em 2015, Mischele e eu tentamos colocar Will Jordan de volta no registro da Lei de Megan, desta vez com Mischele falando diretamente com a polícia estadual de New Jersey enquanto eu conversava mais uma vez com as autoridades no Reino Unido.

Marquei um horário com o meu Membro do Parlamento, Ian Murray, e levei todos os artigos de jornal, bem como o meu livro, para a reunião. Ian sentou-se e ouviu atentamente a minha história e no final disse, com algum espanto, "Bom, esta é a primeira vez que ouço alguém dizer as palavras 'CIA', 'psicopata' e 'pedófilo', tudo em uma sessão!".

Ian foi maravilhoso. Ajudou ao escrever para o Secretário de Estado, pedindo-lhe para enviar a certidão de antecedentes criminais de Will Jordan para a polícia estadual de New Jersey para colocá-lo no registro da Lei de Megan como um criminoso sexual.

Semanas depois, ele recebeu uma resposta que basicamente dizia "Não". Eles disseram que, de acordo com as leis de proteção de dados, não podiam *me* fornecer os seus detalhes. Nós respondemos, reiterando que queríamos que os registros fossem enviados para a polícia estadual de New Jersey e *não* para mim, mas não tivemos mais resposta.

Enquanto isso, Mischele teve um tratamento semelhante. Ninguém parecia se interessar. A polícia estadual de New Jersey tinha um pedófilo condenado na área e não se preocupou em solicitar as informações para que ele pudesse ser inserido no registro. Ainda me surpreende que algo tão simples não seja feito por pura falta de esforço. E, considerando que o homem tem como alvo mães solos, isso é muito preocupante.

Porém, Mischele teve mais sorte na mudança da lei. Um senador dos EUA ficou interessado na sua luta para tornar a violação sexual mediante fraude mais fácil e mais clara de processar. Não me aprofundei na história de Mischele e não vou entrar em detalhes sobre a sua luta jurídica porque ela está escrevendo o seu próprio livro sobre essa experiência, não apenas o seu relacionamento com Will Jordan, mas a espionagem que fez dele, a interação com os pais dele, que ela conhecia bem, e a organização da armação policial. Depois que Will Jordan foi preso, Mischele começou um blog traçando a sua batalha para mudar a lei ao mesmo tempo que era uma mãe solo trabalhadora. É inspirador, e estou ansiosa para ler toda a história da perspectiva dela.

casei com um
PSICOPATA
Mary Turner Thomson

NOITES PSICOPATAS

Jon Ronson e eu mantivemos contato ao longo dos anos e, em janeiro de 2016, ele me convidou para fazer um programa ao vivo com ele no episódio final de *Cinco Noites com Jon Ronson* no Leicester Square Theatre, em Londres. O programa se chamava *Noite Psicopata* e não só estava esgotado, mas tinha uma lista de espera de 144 pessoas, então Jon decidiu fazer uma turnê do programa. Em novembro de 2016, fizemos uma turnê de duas semanas pelo Reino Unido e Irlanda. Todos os eventos estavam com ingressos esgotados.

O programa tinha um formato simples. Jon falava sobre a pesquisa feita para o seu livro *O Teste do Psicopata* e depois me chamava para o palco, onde ele me entrevistava sobre a minha história. Tínhamos uma estrutura de fala mais ou menos definida e vários pontos da conversa em que nós dois fazíamos alguma piada, mas a entrevista não tinha nenhum roteiro. Ao ouvir a minha história, o público em geral chocava-se e ria na hora certa. Um crítico da *York Press* escreveu: "basta dizer que o baque coletivo de mandíbulas caindo como uma só no chão era um som para se admirar".

O programa continuava com Jon falando sobre o seu livro e a sua experiência com a pesquisa de psicopatas, assim como sobre a indústria da loucura. Depois, ele chamava a segunda convidada, a dra. Eleanor Longden, uma eminente psicóloga que por acaso também ouvia vozes e tinha uma história própria para contar sobre experiências na assistência psiquiátrica. A segunda metade do programa consistia em apenas nós três no palco respondendo a perguntas do público.

O primeiro programa foi na noite de terça-feira, 8 de novembro de 2016, e correu muito bem. Foi no mesmo dia da eleição do presidente dos EUA e fomos questionados sobre Donald Trump enquanto as pessoas riam da possibilidade de ele ser eleito para o cargo de Presidente dos Estados Unidos da América. É claro que isso não podia acontecer. Era inimaginável. Mas, depois do programa, me perguntaram se eu achava que Trump era um psicopata.

"Não, há um grande problema em tentar diagnosticar pessoas de longe, mas pelo que sei dele, seria mais provável dizer que ele é um narcisista maligno", respondi.

"Qual é a diferença?", perguntaram.

A diferença entre psicopatas e sociopatas é a natureza e a criação. Os psicopatas nascem sem reações de empatia e os sociopatas são construídos pela sociedade, mas os resultados são os mesmos, pois nenhum dos dois tem reação química de empatia a qualquer pessoa, *inclusive* eles próprios. Conforme já mencionado, as pessoas empáticas se preocupam com o seu futuro *eu* tanto quanto com outras pessoas, o que foi demonstrado pelo teste de choque elétrico. Assim, psicopatas e sociopatas podem viver momento a momento sem preocuparem-se com o que o seu futuro *eu* possa ter que suportar (dor, prisão, falta de moradia etc.).

Os narcisistas, por outro lado, carecem de qualquer resposta empática química para qualquer um, *exceto* eles próprios. Então, todo o seu mundo gira em torno deles e qualquer pessoa que considerem parte de si mesmos (como um filho ou cônjuge obedientes — que geralmente percebem que, se não seguirem na linha, serão cortados com a velocidade e eficiência de uma guilhotina). Um narcisista *maligno* está um passo adiante, pois o narcisista sairá ativamente do seu caminho para destruir alguém que eles acreditam que os desprezou ou não lhes deu o status divino que acham que merecem. Um componente de narcisismo maligno é o sadismo — e isso não se limita a causar dor aos outros, mas também alegrar-se com o sofrimento dos "inimigos" aparentes (em outras palavras, aqueles que não os adoram ou pessoas que se impuseram contra eles no passado).

Apáticos são outra categoria, e também são interessantes porque são pessoas com consciência e empatia, mas que embotam as próprias reações emocionais perto de um psicopata ou narcisista, de modo a serem capazes de trabalhar para eles. Às vezes são chamados de "flying monkeys",* porque (seja por medo ou ganância) cumprem as ordens do seu mestre ou da sua mestra sem sentir nada pelas vítimas.

Para mim, Donald Trump mostra todos os sinais de um narcisista maligno — alguém que demonstra de forma clara falta de empatia, mentira patológica, um senso grandioso de autoestima e coisas do gênero, mas também paranoia (todas aquelas teorias da conspiração), agressão, arrogância, crença nas próprias fantasias (a afirmação de que a multidão na sua inauguração era a maior "de todos os tempos" é um bom exemplo) e exagero das próprias habilidades e status (como ele sempre diz, "gênio estável"!). Além do mais, se você ouvir Trump falar, ele usa exagero, ressignificação, projeção e de fato tornou comum o termo "salada de palavras"!

Como escocesa, fui exposta ao tratamento que Donald Trump deu às pessoas nos seus campos de golfe na Escócia e como ele tentou coagir os habitantes locais para conseguir o que parecia sentir que merecia. Eu não poderia pensar em ninguém *menos* adequado para se tornar o Presidente dos Estados Unidos e temia o que ele poderia fazer (principalmente com acesso a um arsenal nuclear) se eleito. Em especial se não conseguisse que tudo fosse do seu jeito!

Naquela noite, após a primeira *Noite Psicopata* com Jon Ronson, eu assisti do meu quarto de hotel com horror crescente enquanto os resultados da eleição apareciam. Como milhões de outros ao redor do mundo, fiquei chocada ao descobrir que Donald Trump havia realmente vencido a eleição presidencial de 2016.

O segundo programa da *Noite Psicopata* foi completamente diferente. O público estava em choque — assim como todos nós. O clima no teatro parecia ser de total descrença conforme as pessoas tentavam absorver

---

*   Comumente usado em inglês por especialistas brasileiros, "flying monkeys" é um termo inspirado em *O Mágico de Oz*, e se refere aos macacos voadores que servem à personagem da Bruxa Malvada do Leste.

o segundo resultado extraordinário do ano (sendo o primeiro a votação do Brexit no Reino Unido). Parecia que o mundo estava enlouquecendo — um cenário bastante apropriado para um programa esgotado sobre a indústria da loucura e a psicopatia!

Houve muita discussão sobre o que acontecera e também sobre a "Regra Goldwater" (o nome informal da regra de ética médica que afirma que é antiético que psiquiatras deem uma opinião profissional sobre figuras públicas que eles não examinaram pessoalmente nem receberam consentimento para comentar). Nós pontuamos que, como não éramos profissionais no campo, não estávamos sujeitos à Regra Goldwater. Sinto fortemente que há um requisito mais urgente, que é o dever de alertar os outros sobre pessoas que são genuinamente instáveis, colocando a segurança da sociedade em primeiro lugar. Curiosamente, um grupo de psiquiatras e psicólogos clínicos surgiu em 2017 afirmando que o "Dever de Avisar", no caso de Donald Trump, superava todas as restrições da Regra Goldwater.

John Gartner, psicólogo, foi a público com as suas declarações. Como fundador do "CAP Dever de Avisar" (um Comitê de Ação Política que trabalhou para aumentar a conscientização sobre o perigo para os EUA e o mundo colocado por Donald Trump), as suas declarações na *Forbes Magazine* em fevereiro de 2017 foram duras. Gartner disse que os Estados Unidos tiveram muitos presidentes com problemas de saúde mental que "não desqualificariam e poderiam até aprimorar" a capacidade de desempenhar as suas funções. Mas, disse ele, a situação de Trump é "de um ponto de vista psiquiátrico, o pior caso possível... se eu pegasse o DSM (Manual Diagnóstico e Estatístico dos Transtornos Mentais) e tentasse criar um monstro de Frankenstein do líder mais perigoso e destrutivo e tivesse liberdade para criar qualquer combinação de diagnósticos e sintomas", Trump seria o resultado.

Ele então disse que, no caso de Trump, não há uma única condição agindo, e sim que Trump mostra um quarteto de condições que é somado para formar o narcisismo maligno, um termo que foi originalmente concebido para caracterizar Hitler. Gartner declarou as quatro condições como "narcisismo, paranoia e transtorno de personalidade antissocial, com uma pitada de sadismo".

Adorei apresentar o programa com Jon Ronson. As histórias que ele conta são engraçadas porque reconhecem a vulnerabilidade na condição humana enquanto são surpreendentemente identificáveis. Eu me sentava nos bastidores todas as noites e ria de cada história que ele contava, embora as tivesse ouvido várias vezes. Fizemos a turnê de novo em 2017 em cidades diferentes e espaços maiores (com até 2 mil pessoas na plateia), que mais uma vez se esgotou em todos os lugares que fomos. Foi fenomenal poder estar no palco e fazer as pessoas rirem de um assunto tão sério. Foi incrível, também, ouvir 2 mil pessoas arquejarem — curiosamente, havia certos pontos da fala em que as mulheres arfavam em uníssono e outros pontos em que os homens o faziam, mostrando claramente os diferentes aspectos que cada grupo achava chocante. Eu me sentia completamente confortável falando sobre essas questões, algo que muitas vezes surpreende as pessoas; quanto mais eu fazia isso, mais confortável me sentia. Também achei o programa bastante catártico; falar sobre a minha história repetidas vezes a cada noite me ajudou a ver isso como o que realmente era, algo que aconteceu no passado.

O meu fascínio por psicopatas e narcisistas crescia conforme eu queria entender cada vez mais sobre o assunto, e as perguntas do público na segunda parte do programa me ajudaram a expandir essa curiosidade, principalmente quando faziam perguntas que eu não tinha ouvido ou concebido antes.

As pessoas queriam saber sobre as outras vítimas e se mantínhamos contato e ficavam surpresas ao descobrir sobre o grupo privado do Facebook, em que todas nós podíamos conversar e acompanhar o que Will Jordan estava fazendo. Perguntavam sobre as crianças e se elas conversavam entre si, sobre os pais de Will Jordan e se eu achava que eles também eram psicopatas. (Suspeito que o seu pai pode ser, ou é pelo menos apático.)

Lembro-me de um cara na última noite perguntando se eu consideraria me casar de novo e eu respondi que tínhamos acabado de nos conhecer, mas, se ele estivesse interessado, deveria manter contato. A audiência caiu na gargalhada.

casei com um

PSICOPATA

Mary Turner Thomson

OPOSTOS SE ATRAEM

Eu passara seis anos com um homem que era gravemente psicopata e a pergunta "por que eu?" reverberava na minha mente. Como tudo isso acontecera? O que havia em *mim* que me tornava um alvo atraente? Deveria haver algum motivo, algo sobre o meu passado que me fazia o alvo perfeito. Will Jordan cruzara as minhas defesas, entrara na minha vida e abrira caminho sob a minha pele como uma farpa venenosa. Dia após dia, avançando ainda mais, unindo-me a ele através do *love-bombing*, me levando a desconfiar de mim mesma por causa do *gaslighting* e usando ressignificação, projeção e salada de palavras para me manter presa — todas as técnicas de manipulação disponíveis para me fazer uma lavagem cerebral de forma que eu cedesse. Em retrospecto, ainda era difícil de compreender como eu fora totalmente envolvida. Eu precisava entender o meu próprio papel em tudo isso. Precisava saber o que me fizera aceitar o seu comportamento quando outras pessoas não o teriam feito.

É perturbador o número de vítimas de psicopatas com quem conversei que também foram abusadas anteriormente no início da vida ou no começo da idade adulta, e me perguntei se havia uma correlação. Fui abusada quando criança por um "amigo" da família chamado Jimmy, que costumava brincar de esconde-esconde comigo e com os meus três irmãos mais velhos. Ele sempre costumava me encontrar primeiro. Eu participava do seu "jogo" e gostava da atenção de um adulto. Sendo a caçula de quatro filhos, era bom ter um adulto focado somente em mim. Eu tinha 4 anos.

Agora consigo ver como o que Jimmy fez comigo tratava-se de *grooming*, um ato em que um adulto constrói uma conexão emocional com um menor com o intuito de receber favores sexuais. Vejo como ele testou o terreno ao se expor. Ele ficou no corredor com o pênis para fora da calça e as mãos nos quadris. Eu ri ao perguntar o que era "aquilo". Como resultado, me tornei um alvo.

Se eu tivesse apontado e dito que podia ver o seu "pênis", ele teria fechado o zíper e o guardado. Então teria mencionado aos meus pais que eu tinha entrado no banheiro quando ele o estava usando e ele estava preocupado que eu poderia ter visto algo enquanto ele fazia xixi, assim neutralizando qualquer coisa que eu pudesse ter relatado a eles. Pedófilos não se concentram em crianças que têm a linguagem para descrever o que aconteceu com elas.

Uma vez que virei alvo, esse se tornou o seu jogo regular. Eu me escondia e Jimmy entrava e fechava a porta. Tornou-se um segredo, um jogo entre nós que não deveria ser mencionado — porque eu estaria encrencada se o fizesse. Só terminou quando eu tinha cerca de 6 anos, quando o meu irmão de 12 anos o parou na porta. O homem andava aparecendo na nossa casa com frequência quando os meus pais saíam. Acho que ele foi pego abusando de outra criança e nunca mais voltou. O que aconteceu comigo parou naquela época, mas só começou a me incomodar quando eu era adolescente. Eu entendia piadas grosseiras com muita facilidade, as pessoas começavam a falar sobre sexo e eu me lembrava de coisas que não deveria. Comecei a perceber que o que acontecera comigo não era normal. Muito pior foi me lembrar de gostar do "jogo", e isso me deu uma sensação profunda de vergonha e autoaversão.

Fui diagnosticada com dislexia quando tinha 13 anos, algo que estava sendo recentemente reconhecido nas escolas da época. Isso ajudou a explicar porque eu tinha dificuldades na escola, mas não impediu os meus colegas de reclamarem quando eu tinha que me levantar e ler. Eu me sentia menos "capaz" do que os outros alunos e, quando me saía bem, presumia que era por acaso em vez de ser pela minha habilidade. A minha sensação de estar mentalmente abaixo do normal juntava-se à autoaversão.

Eu costumava me cortar, me morder ou me queimar quando a situação ficava muito ruim. Usava a dor física para apagar quaisquer emoções que viessem à superfície. Também me tornei muito boa em esconder o que eu tinha feito. Eu inventava que os ferimentos eram causados por acidentes e sorria docemente para as pessoas enquanto contava alguma história de como acontecera. Lembro-me de pegar um pedaço de vidro quebrado e marcar duas linhas cruzadas na parte de trás da minha mão esquerda. Quando a minha irmã Isobel viu aquilo, eu disse que tinha caído no vidro — ela acreditou em mim, embora fosse uma lesão estranha de se ter após uma queda.

Nunca tentei suicídio. Embora realmente não me importasse se eu vivesse ou morresse, eu nunca teria feito isso com a minha família. Posso não ter me importado comigo, mas me importava profundamente com eles.

Não me lembro muito da minha infância ou adolescência porque passei muito tempo interpretando um papel e fingindo que tudo estava ok. Funcionava às vezes. Eu era uma boa ginasta e uma ótima musicista. Tenho flashes e pedaços de memórias, picos aparecendo acima do nevoeiro.

Quando finalmente contei para alguém e disse as palavras em voz alta, eu tinha 17 anos de idade.

Apenas falei: "Fui molestada quando era criança".

A pessoa com quem eu estava pareceu horrorizada e disse: "Deve ter sido horrível; você deve ter ficado apavorada!".

Lá estava, a atitude que eu iria ouvir repetidas vezes e o comentário que me fazia acreditar que eu era ainda mais indigna e detestável porque não tinha ficado apavorada. A Childline, a organização de apoio via telefone, teve início, assim como novas campanhas nacionais para salvar crianças que sofreram abusos. Cada campanha falava publicamente sobre abusos e horrores que aconteceram a crianças molestadas. Todas reforçavam o fato de que o abuso infantil era uma coisa horrível e que eu deveria ter ficado petrificada na hora. Eu deveria ter achado horrível e repugnante; deveria ter lutado contra o meu agressor e contado aos meus pais. Mas não fizera isso. Eu participara e entrara no jogo dele. Portanto, na minha cabeça, devia ser tão ruim quanto ele. Eu era tão ruim ou pior do que um pedófilo. Foi uma época horrível. Dizer as palavras em voz alta era como girar uma chave de uma porta trancada na minha cabeça. Eu reconhecia que por trás daquela porta havia a minha parte monstruosa que tinha sido bloqueada, e agora estava clamando para sair. Isso me apavorou. Eu tinha que fazer tudo que podia para manter aquela porta fechada.

Tive o meu primeiro namorado aos 18 anos, e parecia que estava no controle de novo. Podia usar o sexo em vez de ser usada por ele. Podia usar o sexo em vez de me cortar. A partir de então, eu estava quase constantemente em um relacionamento e sempre foram relacionamentos altamente sexuais. Eu raramente perdia o controle, no entanto, e, embora fosse muito boa na parte sexual, não era muito boa com a interação não sexual. Quando eu começava a me abrir e a confiar no homem com quem estava, também começava a afastá-lo porque simplesmente sentia que não era digna de amor e, portanto, ele estava errado em sequer me amar. Eu só podia respeitar os homens que me desrespeitavam porque pelo menos eles sabiam quem eu realmente era e o que merecia.

Comecei uma graduação em Artes Criativas e Cênicas em 1983, e um dia conheci alguém cuja linguagem corporal parecia familiar. Eu sabia, sem que ela dissesse, que também fora molestada, mas nunca falara sobre isso. Então contei-lhe a minha história, que fora abusada, e um pouco sobre o que tinha acontecido. Ela se abriu para mim e me contou a sua história em troca. Me ajudou muito saber que eu não estava sozinha. Depois disso, passei a reconhecer mais e mais pessoas e comecei a falar com aqueles que eu sabia que também tiveram experiências de abuso sexual na infância. Por fim, instintivamente soube que era o momento certo e admiti para uma pessoa que a coisa mais difícil de superar foi o fato de eu ter gostado. Os seus olhos se arregalaram e ela se iluminou como uma lâmpada. Ela sentira a mesma coisa. Não era só eu. Com o passar dos anos, ouvi mais e mais pessoas dizerem a mesma coisa, e todas sentiam que não mereciam ser amadas e sentiam-se sujas por causa disso.

Eu me formei na faculdade em 1987 no grupo com notas mais elevadas no meu Bacharelado em Artes Criativas e Cênicas. Eu achava que não iria passar e, por isso, realmente não tinha me esforçado tanto quanto deveria, então o resultado foi uma surpresa.

À medida que cresci, passei a compreender e a me perdoar por ter participado do jogo do pedófilo. Levou mais alguns anos falando com as pessoas e escrevendo sobre isso, mas aos poucos uma porta se abriu dentro de mim e pude ver que não havia um monstro ali de forma alguma. Era uma garotinha de 4 anos sentada no chão, encostada na parede do fundo. As suas pernas estavam dobradas e a sua cabeça escondida nos braços cruzados sobre os seus joelhos. Ao redor havia poeira e teias de aranha e ela não se movia ou falava, apenas ficava lá, sentada, abafando as lágrimas. Eu não tinha mais medo dela; só sentia uma tristeza enorme por tê-la prendido lá por tanto tempo e queria libertá-la.

Então, um dia, quando eu tinha 20 e poucos anos, acordei e me sentei, ereta, na cama. Não sei o que acontecera ou se eu tivera um sonho ou algo assim, mas senti uma grande mudança. Quase como em uma alucinação, testemunhei a porta do ambiente em minha cabeça se abrir e bater. O lugar se desfez em pó e o vento soprou através dele em uma rajada. A garota tinha ido embora.

Finalmente percebi, em um nível instintivo, que não era culpada. Que eu era uma criança inocente que não tinha conhecimento ou compreensão para enfrentar um adulto que estava abusando de mim. Também percebi que o que ele fizera comigo acabara quando eu tinha 6 anos, e tudo que tinha acontecido depois disso eu fizera a mim mesma. Eu tinha sido uma vítima, mas não seria mais. Escolhi amar aquela menina dentro de mim, cuidar dela e aceitá-la, por tudo de maravilhoso que ela era e não puni-la pelos crimes cometidos contra ela.

Depois de me aceitar e me perdoar por ter sido atacada por um pedófilo, o próximo passo era perdoá-lo. Demorou um pouco, mas eu sabia que odiar Jimmy ou ficar com raiva só me machucaria mais e decidi que queria ser feliz. Como alguém me disse, odiar outra pessoa é como tomar veneno e esperar que ela morra. Então conversei com muitas pessoas e li muitos livros — fiquei fascinada por psicologia e interessada em saber por que pessoas como Jimmy abusam dos outros.

Descobri que as pessoas não nascem pedófilas e em geral tornam-se assim porque elas próprias são abusadas quando crianças. Em vez de resolver essa questão, assumem o papel de abusadoras. Decidi que o meu agressor não era mau, era apenas uma pessoa que sofreu danos. Percebi que muitas pessoas que agridem outras provavelmente também foram vítimas em algum momento. Em nenhum lugar, em todas as minhas leituras, houve menção a um pedófilo ser um psicopata ou sociopata.

Para perdoar o meu agressor, eu tinha que ter empatia por ele próprio ser uma vítima de abuso. Eu tinha que ter a capacidade de sentir e imaginar que ele tinha emoção. Eu podia ter empatia cognitiva e emocional por ele porque também fora vítima de abuso. Eu lutara e lutara contra o meu abuso, machucando a mim mesma, ele tinha tomado outro caminho e machucado outros em vez disso.

Conheci Ross (o pai biológico de Robyn) aos 20 e poucos anos quando tocava bodhran (um tambor celta tradicional) para me divertir na cena musical em Edimburgo. Eu era predominantemente pianista, mas era um tanto difícil carregar um piano pelos diferentes pubs em que tocávamos, então, em vez disso, aprendi a tocar bodhran.

Ross era um cantor e guitarrista profissional com a voz mais incrível — um talento que cativava o público aonde quer que ele fosse. Era uma alma com danos e o estereótipo de homem, e tudo isso era expresso no seu canto. Acho que me apaixonei pela sua voz mais do que qualquer coisa. Namoramos por um tempo e então descobri um dia que ele estava me traindo com outra garota. Terminei com ele imediatamente. Ele tentou voltar comigo inúmeras vezes, mas apenas o afastei. Tive que parar de ver os meus amigos e sair da cena musical que compartilhávamos porque se tornou muito difícil e desconfortável estar perto dele. Depois de um tempo, ouvi dizer que ele se mudara.

Então, em 1997, ele voltou, renovado. Mudara de hábitos, parara de beber tanto e me disse que tinha parado de usar drogas. (Eu sabia que ele fumava maconha, mas não sabia que estivera consumindo tanto metanfetamina e cocaína antes de ir embora de Edimburgo.)

Aos poucos, nos tornamos amigos novamente e nos víamos de vez em quando.

Eu namorava um guarda florestal por quem estava muito apaixonada, mas simplesmente não estava dando certo e, quando acabou, Ross esteve ao meu lado. Ele me abraçou e disse que tudo ficaria bem. Nunca deu em cima de mim ou tentou me seduzir. Apenas se comportou como um ótimo amigo por mais de um ano. No entanto, ele me dizia repetidas vezes que se tornara melhor para me reconquistar, que estava apaixonado por mim e queria passar o resto da vida comigo. As suas ações naquele ano não me deixaram dúvida de que fosse genuíno e, enfim, decidi tentar confiar nele. No início, eu só queria ir devagar, mas, assim que começamos a nos aproximar, ele passou a falar sobre ter um bebê. Ele trabalhava à noite tocando em shows e eu trabalhava de dia como consultora de negócios, então cada um de nós teria tempo de cuidar do bebê, dizia ele.

Eu disse que não, mas talvez algum dia. Eu não era uma pessoa muito maternal e não tinha certeza se queria ter filhos — com certeza não naquele momento. Mas eu estava seguindo com a vida e, aos 33 anos, sentia que logo teria que tomar uma decisão de uma forma ou de outra.

Nessa época, eu estava trabalhando como consultora de desenvolvimento de negócios para a Scottish Enterprise Network, fornecendo consultoria para ajudar pequenas empresas locais a expandir e crescer. Uma das minhas clientes era uma especialista em fertilidade e eu a abordei sobre o assunto.

"Ah, não se preocupe muito com isso", disse ela. "Na sua idade, é provável levar pelo menos um ano para engravidar."

Então relaxei um pouco e, quando Ross tocou no assunto outra vez, tive um momento de fraqueza. Disse levianamente que poderíamos deixar o destino decidir. Foi necessária apenas uma tentativa!

Então eu estava grávida. Quase imediatamente, Ross pareceu não querer saber mais de mim, embora estivesse maravilhado com a ideia de se tornar pai. E ele não queria mais transar, quase como se o seu objetivo já tivesse sido alcançado. Acho que me lembro de ter lido um artigo sobre Elvis não querer tocar a esposa quando ela estava grávida e pensei que era possível que Ross se sentisse da mesma maneira. Foi uma época estranha. Ross estava presente e ainda era muito amoroso, mas também muito distante. Ele não queria sequer falar sobre o futuro.

Eu sabia que Ross tinha tido momentos difíceis com o próprio pai e subsequentes padrastos — mas não cabe a mim contar essa história.

Então era uma pessoa com problemas e eu entendia as suas emoções conflitantes. Eu tinha muita empatia por ele, mas era difícil.

Entrei em trabalho de parto às sete da manhã em 14 de fevereiro de 1999. Ross tinha vindo para casa às três da manhã e me trouxera flores pelo Dia de São Valentim. A piada era que as minhas contrações começaram porque eu entrara em choque com o gesto romântico.

Quando senti as contrações começarem, deixei Ross dormir um pouco. Às oito horas, elas estavam mais fortes e com apenas alguns minutos de intervalo. Liguei para a minha querida mãe, que veio para nos levar à maternidade, então acordei Ross, que estava surpreso e um pouco irritado com o meu *timing*. Ele saiu da cama meio grogue e nos acompanhou.

Nas palavras da parteira, o nascimento foi "absolutamente perfeito".

Quando Robyn foi colocada ao meu lado, ainda com o cordão umbilical, olhei para os seus olhos escuros totalmente maravilhada e naquele momento entendi o que era o verdadeiro amor. Havia ali uma pequena criatura, confusa e frágil, totalmente dependente de mim. O vínculo foi instantâneo.

Ross gostava de ser pai, mas não estava, de forma alguma, preparado emocionalmente para isso. Ele achou que a vida poderia continuar como antes, apenas com uma nova adição. Amamentei Robyn por três meses e, quando a minha licença-maternidade acabou, voltei ao trabalho. Inicialmente, Ross cuidava de Robyn durante o dia, mas ele achava isso muito difícil. Ele trabalhava tocando em pubs quase todas as noites até a meia-noite, mas depois ficava por lá tomando umas cervejas com os amigos até às três ou quatro da manhã. Depois voltava para casa e assistia à TV por mais ou menos uma hora. Eu saía para trabalhar às oito da manhã e de vez em quando o encontrava ainda acordado.

Eu voltava para casa na hora do almoço para alimentar Robyn, e umas duas vezes encontrei Ross dormindo no sofá com Robyn berrando no berço. Ficou claro que ele não dava conta e recusava-se a mudar o seu estilo de vida.

Tentei chegar a um acordo com Ross, mas ele era muito melhor em discussões do que eu. Ele não se importava com o que dizia e era o mais cruel possível — me chamava de todos os nomes possíveis — porque, se eu ficasse chateada, não conseguiria argumentar. Nunca me senti fisicamente ameaçada, mas ele podia me dominar verbalmente de forma fácil, gritando de maneira abusiva pela menor das coisas. Eu estava totalmente convencida de que precisava manter a minha família unida e que Robyn precisava do pai por perto tanto quanto precisava de mim.

Coloquei Robyn em um berçário três dias por semana, o que significava que ele só tinha que cuidar dela dois dias por semana (já que eu estava em casa no sábado e no domingo). Mas as coisas só pioraram a partir de então. Ross tornou-se cada vez menos envolvido e mais agressivo com o passar do tempo.

Eu ainda tinha que levantar à noite quando Robyn acordava chorando, mesmo que Ross estivesse acordado e assistindo à TV. Ele insistia que eu tinha o turno da noite e ele tinha o turno do dia, embora eu estivesse trabalhando o dia todo e, agora, fazendo hora extra no fim de semana para pagar o berçário.

Ross tornou-se cada vez mais nojento e desagradável, até que um dia fiquei tão furiosa com os insultos que bati nele repetidamente. Ele apenas riu de mim e nem mesmo ergueu as mãos para se defender. Quando parei, ele disse: "Você não entende, Mary, que eu *nunca* vou te deixar. Nunca vou deixar você dizer à nossa filha que eu fui embora. Quando é que você vai perceber que as coisas vão continuar piorando até você me *expulsar*!".

Isso me fez acordar de repente. Eu acreditava tão fortemente que tinha que manter a minha pequena família unida, que não tinha percebido que ele estava de forma deliberada tentando tornar as coisas mais difíceis. Me dei conta de que estava errada, que, com isso, estaria ensinando à minha filha o tipo de relacionamento que ela deveria procurar, assim como ensinaram para Ross.

Robyn tinha apenas nove meses e eu queria dar a ela uma vida melhor do que essa, então disse a Ross para ir embora.

Ele foi, de boa vontade.

Ross foi um pai esporádico na melhor das hipóteses depois que partiu, mas a vida ficou muito mais fácil sem ele. Embora eu tivesse que fazer tudo sozinha, pelo menos não ficava com raiva por isso. Apenas continuei a vida e descobri que estar no controle era melhor. Robyn era incrível e rapidamente me acostumei com apenas nós duas na casa.

Jurei que nunca deixaria um homem ser agressivo comigo de novo, nem permitiria que ninguém levantasse a voz para mim como Ross fizera. Eu estava feliz. Tinha um bom emprego, casa própria, dinheiro no banco e uma família amorosa. Não me importava de estar solteira — depois de superar o meu próprio preconceito antiquado contra pais e mães solo.

Ter uma filha ensinara-me o que era o amor verdadeiro e, a partir de então, eu seria um bom exemplo para ela seguir. Se eu queria que ela fosse feliz, tinha que lhe mostrar o caminho. Fiquei solteira e feliz por um ano, então uma pessoa próxima sugeriu que eu tentasse conhecer alguém pela Internet — uma inovação muito recente na época. Fiquei intrigada e preparada para mergulhar o dedo do pé na água, mas não ansiava desesperadamente por um novo relacionamento. Diferente de antes, eu não sentia necessidade de ter um homem por perto. Eu me sentia inteira pela primeira vez na vida. No entanto, seria bom para Robyn ter um padrasto bom, gentil, amoroso e atencioso, se eu pudesse encontrar alguém assim.

Foi quando conheci Will Jordan.

Contei a Will Jordan sobre o abuso que sofri na infância, sobre a minha jornada de descoberta e sobre o meu perdão ao meu agressor. Contei tudo sobre o meu relacionamento com Ross, como eu achava a sua agressão intolerável e nunca mais toleraria ninguém levantando a voz para mim assim. Como resultado, Will Jordan tornou-se o epítome da calma ao meu redor. Ele tornou-se tudo o que Ross não era: calmo, gentil, amoroso, atencioso, aparentemente altruísta e doce, autoconfiante e emocionalmente inteligente.

Ele usou todos os detalhes do meu passado para me manipular, incluindo me dizer que, como parte de uma operação de inteligência, ele disfarçara-se para se infiltrar em uma prisão de criminosos sexuais e pegar um grupo específico de pedófilos que estavam operando no Reino Unido.

Eu tinha dado tudo a ele de bandeja ao contar tanto sobre mim no início.

Sou uma pessoa empática. Sei dizer quando os outros estão sofrendo; percebo linguagem corporal e padrões de fala que me dizem se alguém está triste ou machucado. Eu não só entendo a dor dos outros, mas posso de fato a sentir no meu corpo. Foi essa empatia que fez eu me abrir e falar com outras vítimas sobre o meu abuso. Tive empatia pelo meu abusador sexual da infância e o perdoei, e senti empatia por Ross, mesmo quando ele estava ativamente tentando piorar as coisas para mim. E foi a minha empatia que tornou tão difícil que eu compreendesse que uma pessoa como Will Jordan podia ser totalmente sem consciência, remorso ou reação emocional com outros.

Essa palavra voltava repetidas vezes à minha cabeça. Empatia.

Pensei que sabia o que isso significava — a capacidade de entender e compartilhar os sentimentos de outra pessoa — e, mais importante, pensei que todos, exceto os psicopatas, a tinham! Mas então comecei a pesquisar um pouco mais a fundo. Há pesquisas feitas sobre empatia, mas não tanto quanto sobre psicopatia. Suponho que seja porque os empáticos não são perigosos para a sociedade em si. No entanto, existem testes que você pode fazer para medir seu nível de empatia e todos que fiz mostraram que eu era "altamente empática".

Comecei a pensar sobre as outras vítimas e de repente percebi que algo que todas nós tínhamos em comum era sermos empáticas. Muitas das vítimas estão em empregos de cuidado ou assistência — enfermeiras, assistentes sociais, professoras — e muitas passaram por relacionamentos abusivos anteriores, abuso na infância ou trauma emocional. Mas elas tinham superado e ressuscitado das cinzas — assim como eu.

A empatia explica por que as vítimas caíram nas histórias de Will Jordan sobre ser infértil, ou as mentiras sobre ele próprio ter sido abusado quando criança. Isso explica como ele pode racionalizar algumas das coisas que faz para parecer que está em perigo, ou mesmo infligindo dor e danos a si mesmo.

Eu tinha passado tanto tempo pesquisando sobre psicopatas que perdera algo vital; eu presumira que todos que não estavam na escala de psicopatia eram empáticos. Mas não é esse o caso. Existe uma escala de empatia, assim como existe uma escala de psicopatia. E eu suspeito que quanto mais empático você é, mais pode se tornar o alvo de um psicopata — como se costuma dizer, "os opostos se atraem".

Pessoas com distúrbios antissociais têm baixa empatia; em outras palavras, não se preocupam com ninguém, exceto elas próprias. Simplificando, "usar e abusar" não deixa marcas na consciência delas. Por outro lado, as suas vítimas são muitas vezes altamente empáticas ou emocionalmente sensíveis: pessoas que sentem dor genuína quando outros estão feridos ou em apuros. Psicopatas adoram esses tipos empáticos porque a preocupação inerente que sentem não os deixa desistir facilmente — mesmo quando o psicopata começa a exibir um comportamento perturbador. Alguém que não é tão empático tem mais probabilidade de largar um homem que começa a mostrar sinais de agressão, vício ou mentira, enquanto uma mulher altamente empática, em vez disso, vai pensar que pode ajudar ou mesmo salvar o psicopata. Como resultado, ela continua na relação e torna-se ainda mais conectada e envolvida com o abusador, ficando ainda mais convencida de que a ajuda é necessária, apesar do comportamento perturbador ou crescente da parte dele.

Sandra L. Brown, que escreveu *Mulheres que Amam Psicopatas*, foi questionada sobre como os psicopatas escolhem os seus alvos e disse:

> "Perguntei a homens com este perfil como eles escolhem seus alvos e eles dizem que contam uma história triste sobre abuso na primeira infância para ver a reação de alguém. Eles procuram alguém cheio de compaixão, disposto a resolver problemas, que dirá 'ah, isso é terrível, ah, meu Deus, você deveria procurar ajuda', porque aquela mulher tem que ser fisgada em seu enredo e estar disposta a resgatá-lo várias e várias vezes. A mulher que diz 'boa sorte com isso' — essa ele não conseguirá encurralar."

Mulheres que têm altos níveis de empatia, bem como compaixão, confiança, tolerância e apego, apenas não veem os alertas vermelhos que as outras pessoas talvez vejam até que seja tarde demais. Uma vez que uma mulher como essa envolve-se com alguém, não importa o quão tóxica a pessoa seja, é muito difícil para ela libertar-se.

Não é possível deixar de ser uma pessoa empática, e eu nunca iria querer isso, mas posso trabalhar o controle emocional e escolher com quem compartilho a minha empatia. Aceitei quem eu sou e aprendi a dizer "não" a pessoas que são vampiros psicológicos e emocionais. Como alguém uma vez me disse: "Lembre-se de que 'Não' é uma frase completa e não precisa de qualquer esclarecimento". Embora a vida nem sempre seja fácil, tenho orgulho de quem eu sou. Will Jordan pode ter usado a minha empatia contra mim, mas ainda a vejo como um superpoder. Só preciso aprender a controlá-lo melhor.

casei com um
PSICOPATA
Mary Turner Thomson

IMPOSTORES

Todas as vezes que eu passava em uma prova ou tinha um bom desempenho em algo, sempre achava que devia ser um acaso ou um engano. Demorei muito para perceber que não era burra e, quando finalmente percebi, quis saber por que tinha me sentido assim antes. Descobri que é algo chamado ironicamente de "síndrome do impostor" e ela é definida como um sentimento de que você não merece as suas realizações, tem dúvidas sobre inadequação e sente medo de ser descoberto como uma fraude (mesmo que você saiba que fez tudo direito).

Li que 70% das pessoas sofrem da síndrome em algum momento da vida e tomei uma decisão consciente de rejeitar a síndrome do impostor completamente depois disso. No entanto, ela ainda dá um alô ocasional, em particular quando estou em eventos do mercado editorial entre autores tradicionalmente publicados, todos os quais considero mais válidos e bem-sucedidos do que eu — embora agora eu também perceba que a maioria deles está pensando o mesmo que eu! Uma vez que comecei a falar abertamente sobre a síndrome do impostor, pude ver como isso é comum. Também é algo que uma pessoa manipuladora usará contra a sua vítima. Se uma pessoa tóxica pode atingir a síndrome do impostor do seu alvo, ela pode controlá-lo com mais facilidade.

Posso imaginar como deve ser fácil — e provavelmente muito claro para esse tipo de pessoa — usar essa insegurança. Um pequeno comentário ou aparente crítica de algo em que a vítima estava começando a sentir confiança. Uma pergunta como "Você fez isso tudo sozinha?", que pode parecer uma afirmação inocente vista de fora (e em alguns casos parece ser formulada como um elogio), mas na verdade é projetada para jogar com a insegurança de uma pessoa e rebaixar a vítima.

Lembrei-me de como Will Jordan me fazia sentir — que eu só poderia ter sucesso de verdade com ele ao lado, que sem ele eu não seria nada. Não me lembro das palavras que ele usou de fato, mas lembro que eu sempre sentia que tinha que corresponder às expectativas dele sobre mim, o que, por si só, significava que eu tinha poucas expectativas sobre mim mesma. Lembro-me de ele dizer coisas como "sempre quis ser apenas o vento sob suas asas", o que parece superficialmente ser uma coisa legal de se dizer, mas na verdade implica uma falta de habilidade para voar por conta própria.

Então me lembrei dos quatro "dramas de controle" que aprendi durante um dia de treinamento de equipe de trabalho muitos anos atrás. São quatro papéis que as pessoas (não necessariamente apenas psicopatas e narcisistas) usam para controlar as emoções de outras pessoas de forma subconsciente. São o "Interrogador", o "Intimidador", o "Distante" e o "Coitadinho de mim".

A maioria dos jovens normais usa um drama de controle para chamar a atenção até que se tornem mais autoconscientes. Os adolescentes muitas vezes podem ser "Distantes" ou "Coitadinhos de mim" e podem passar para "Interrogadores" e "Intimidadores" quando não conseguem o que querem. Gradualmente, aprendem que não precisam controlar outras pessoas, mas apenas a si mesmos. Pessoas tóxicas, entretanto, apenas continuam aprendendo como aperfeiçoar as técnicas.

Will Jordan era especialista em usar todos os quatro dramas comigo. Ele era sutil ao fazer isso, no entanto — como a maioria das pessoas tóxicas.

O "Interrogador" faz uma pergunta e, em seguida, critica a resposta para que você tome cuidado com o que diz perto dele. Por exemplo, ele pode perguntar:

"Como foi o trabalho?"

"Foi ok, mas meu chefe estava de mau humor."

"Ah, você fez alguma coisa para irritá-lo?"

Isso faz com que o próprio interrogado se questione. A maneira mais fácil e possivelmente mais sutil de que me lembro de Will Jordan fazendo isso era apenas dizer "Sério?" depois que eu respondia uma pergunta pessoal. Por exemplo:

"Qual é o seu filme favorito?".

"*Um Sonho de Liberdade*."

"Sério?" Ele então fazia uma pausa (para me fazer sentir desconfortável e julgada), seguida, alguns segundos depois, de um sorriso casual amigável, dizendo: "Bom, é uma escolha muito popular!".

A vítima fica sentindo que de alguma forma fez papel de boba, mas continua com a sensação de que o agressor tóxico foi gentil e a deixou se safar com a sua resposta. Isso atua fortemente na síndrome do impostor de uma pessoa e no seu medo de parecer tola por ter um mau julgamento.

O "Intimidador" costuma controlar o drama sendo agressivo, criando medo direta ou indiretamente. Will Jordan nunca foi agressivo comigo diretamente — para ser honesta, ele sabia que, se sequer aumentasse o tom de voz comigo por raiva, eu iria embora imediatamente por causa das minhas experiências ruins com Ross. Isso era a "gota d'água" para mim. Então ele sempre foi calmo e nunca ficou zangado perto de mim. Em vez disso, criava intimidação através de forças externas. Ele me convenceu de que eu estava em perigo real devido a "desafetos", pessoas que descobriram a sua verdadeira identidade e estavam ameaçando a mim e as crianças. Ele secretamente controlava o drama por meio da intimidação.

O "Distante" controla a energia ao seu redor ao se fechar em si mesmo e se afastar, para que as pessoas perguntem o que há de errado e prestem atenção nele, porque ele parece preocupado e confuso.

Mais uma vez, Will Jordan fez isso desde o início do nosso relacionamento, não apenas recuando, mas desaparecendo totalmente. Ele me deixava preocupada, duvidando se estava vivo ou morto, quase diariamente.

O "Coitadinho de mim" conta uma história triste de desgraça que pode ou não ser verdade. Chama a atenção ao fazer com que as pessoas se concentrem no que está perturbando o controlador. Will Jordan fez isso quando eu estava dando à luz a nossa primeira filha. Ele me disse que estava preso em um país devastado pela guerra e machucou os pés intencionalmente de forma a provar isso, para que eu me concentrasse no seu suposto trauma emocional e físico em vez de na sua ausência no nascimento da sua filha.

É difícil lidar com quem está usando dramas de controle. Não existe uma maneira positiva de controlar outras pessoas porque fomos feitos para nos concentrar em nos controlarmos em vez de manipular os outros. Pessoas boas não precisam controlar as emoções de outras pessoas.

Os psicopatas preparam as suas vítimas de maneira muito semelhante aos pedófilos. Eles lentamente prendem você, jogam com a sua empatia, manipulam as emoções e, em seguida, minam os fundamentos da sua crença em si, autoestima e autoconfiança.

Entendo que Will Jordan é inteligente, mas eu também sou. Entendo que ele é manipulador e insensível, mas é a sua total falta de empatia por outra pessoa que é tão estranha e difícil para uma empática como eu compreender.

Em 2010, li um relatório de pesquisa chamado *Psychopathic Traits and Perceptions of Victim Vulnerability* sobre traços psicopatas e percepções da vulnerabilidade da *vítima*, por Sarah Wheeler, que mostrou que quanto mais psicopata uma pessoa é, melhor ela é para detectar uma vítima potencial, mesmo que apenas pela linguagem corporal. Mas essa linguagem corporal é incrivelmente sutil; o estudo mostrou que assaltantes com tendências psicopatas podem olhar para a maneira como você anda e instintivamente perceber o comprimento de um passo, quão alto você levanta os pés e até mesmo como muda de peso nas pernas para identificar o quão confiante você é e, portanto, se devem assaltá-lo ou não. Os psicopatas nem precisam pensar nisso. Eles apenas têm como alvo pessoas vulneráveis que são empáticas — gentis, compreensivas, receptivas — e usam essas características contra elas. Eu achava que estava me mantendo segura online ao passar tempo conhecendo Will Jordan através dos nossos e-mails longos e íntimos. A verdade é que ele estava usando esse tempo para aprender tudo sobre mim, o que me motivava, quão receptiva e empática eu era. Então, quando finalmente me conheceu, ele foi além, analisando a minha linguagem corporal. E, sem saber, caminhei direto para a sua armadilha.

Suspeito que psicopatas mais jovens e inexperientes tomam como alvo vítimas socialmente submissas, não particularmente extrovertidas ou conhecedoras do mundo, através de linguagem corporal como falta de contato visual, inquietação e o evitar de grandes gestos ao mudar de posição. Isso serve a um duplo propósito, porque as próprias vítimas estão mal preparadas para resistir ao predador e ficam tão traumatizadas depois que sequer falam sobre as experiências. Isso deixa o predador livre para seguir em frente com a próxima vítima. Psicopatas mais experientes ficariam entediados com isso muito rápido, contudo, e se direcionariam a vítimas mais desafiadoras — mais fortes, mais conhecedoras do mundo e mais confiantes, pessoas que os levarão ao limite e aprimorarão ainda mais as suas habilidades.

De repente, percebi que há uma razão pela qual os psicopatas parecem ser as pessoas mais charmosas, sem dúvida, no início de uma relação. São aqueles que nos surpreendem e parecem saber exatamente o que dizer e quando dizer. De forma mágica e instintiva, parecem saber como nos atingir e nos deixar confortáveis, então relaxamos, baixamos a guarda e os deixamos entrar nas nossas vidas.

Porém, não é mágica nem é puramente instintivo. É muito mais simples do que isso.

Na adolescência e nos nossos vinte e poucos anos, a maioria de nós tem experiências com flertar e namorar. Você vê um cara ou uma garota de quem gosta e cria coragem para falar com aquela pessoa. É angustiante por causa da potencial humilhação e do constrangimento da rejeição. A rejeição tem o seu preço emocional para nós, tornando-nos cautelosos ao nos aproximarmos de outras pessoas. Pode demorar alguns dias, semanas, meses ou mesmo anos antes de criarmos coragem de arriscar nos "expormos" de novo. Como resultado, selecionamos aqueles por quem nos atraímos com muito cuidado e nos protegemos contra a dor emocional de uma nova rejeição.

Psicopatas, sociopatas e narcisistas não são prejudicados por sentimentos de tristeza ou constrangimento. Se rejeitados, simplesmente dão de ombros e seguem de imediato para a próxima pessoa pela qual se sentem atraídos, e a cada vez aprendem com a rejeição como um programa de computador. Podem escolher dezenas de alvos em uma noite até que uma estratégia funcione. Ao longo de apenas dois anos, eles podem atingir milhares de pessoas dessa forma, nunca se sentindo chateados ou envergonhados por uma rejeição. Mais cedo ou mais tarde, adquirem um banco de dados completo de como abordar pessoas tímidas, como abordar "a estrela da festa", como abordar pais/mães solos, pessoas divorciadas, aquelas machucadas e as de bom coração. Eles sabem exatamente como reagir em cada situação justo porque a experimentaram muitas vezes antes.

O "encanto" do psicopata é simplesmente um comportamento aprendido por causa da quantidade absurda de encontros que teve. Ele sabe o que funciona com cada pessoa e pode adaptar-se rapidamente para acomodar o que *nós* queremos. Tais pessoas refletem os nossos desejos e nos fornecem técnicas experimentadas e testadas para nos conquistar. Fazem parecer que estão nos entregando os seus corações, mas, na verdade, é uma atuação que foi polida ao longo do tempo, indistinguível de uma coisa verdadeira e impossível para qualquer pessoa normal com empatia saber a diferença. Eles parecem ser mais normais do que as pessoas normais são, mais ou menos como uma maçã de cera emulando a fruta real que é mais imperfeita.

Temos que viver confiando e abertos para nos apaixonarmos. Em última análise, é apenas o tempo que nos mostra a verdade sobre os sentimentos de alguém. Eu não estava errada em me apaixonar pela pessoa que Will Jordan fingia ser. Os meus sentimentos eram genuínos. Não era culpa minha que os dele não eram, tampouco eu estava errada ao acreditar que alguém me amava.

casei com um
PSICOPATA
Mary Turner Thomson

MAIS VÍTIMAS

Will Jordan permaneceu na prisão até novembro de 2017, quando foi solto antecipadamente por "bom comportamento". Pouco depois, Rachel desapareceu e não respondeu a mais nenhuma mensagem. Curiosamente, sua parente, que tinha sido tão grata pelo apoio, também parou de responder.

Tanto Mischele quanto eu presumimos que Will Jordan as havia, de alguma forma, persuadido de que éramos agentes inimigas e não merecíamos confiança. Depois de vê-lo tentar persuadir Mischele no vídeo, posso imaginar como ela foi sugada de volta.

É triste, mas não podemos salvar todo mundo. Tanto Mischele quanto eu sabemos como é forte a atração que ele tem e quão convincente Will pode ser. Sei que ele fará qualquer coisa — até mesmo mutilar o próprio corpo — para fornecer evidências de que o que diz é verdade, então não posso culpar as mulheres que voltam para ele. No entanto, também sei que fiz tudo o que podia para ajudar.

A vítima mais recente a entrar em contato foi uma garota de 19 anos que estava grávida de oito meses de Will Jordan quando mandou mensagem em julho de 2019. Vou chamá-la de Jewel.

Em 2018, Jewel já tinha uma vida difícil e sofria com transtornos de ansiedade, automutilação e transtorno de estresse pós-traumático (TEPT). Tinha conseguido sair de uma situação horrível e decidiu enfrentar o mundo outra vez.

Jewel conheceu Will Jordan em junho de 2018 em um site de namoro específico para casais inter-raciais e o conheceu pessoalmente pela primeira vez em uma praia em julho de 2018. Ele lhe disse que estava na casa dos 30, embora na verdade já tivesse 54. Prometeu o mundo para ela, disse que ela era a sua alma gêmea e a chamou para morar no seu apartamento com ele e o pai, tudo isso depois de apenas algumas semanas depois do primeiro encontro. (Parece que, a essa altura, a mãe de Will Jordan estava em uma casa de repouso.) Jewel foi morar com ele após dois meses. Will Jordan admitiu para ela que já fora casado com duas mulheres ao mesmo tempo e insinuou que as mulheres se vingaram postando coisas horríveis sobre ele na internet. Jewel sentiu que ele estava sendo honesto e direto e, portanto, não sentiu a necessidade de fazer uma pesquisa online. Como de costume, ele falou que não tinha filhos, dando a entender que tinha bagagem emocional ligada a isso, e então pediu a ela para ter um bebê com ele. Jewel não tomou uma decisão consciente de engravidar, mas concordou que eles deixariam a natureza seguir o seu curso. Como era de se esperar, dada a evidente fertilidade dele, ela engravidou muito rápido e ele quase imediatamente ficou frio e indiferente. Foi uma tortura mental e emocional para ela e algo que tenho certeza de que ele fez deliberadamente.

Como alguém que sofria de TEPT e transtornos de ansiedade, ela era vulnerável e começou a considerar a automutilação de novo, e até suicídio. Jewel resistiu à tentação por causa da gravidez, mas sentiu que estava sendo levada ao limite. Não posso imaginar o que ele estava fazendo — ela não tinha dinheiro ou propriedade. Ele estava apenas tentando manipulá-la para cometer suicídio?

Ao conversar com Jewel, lembrei-me da jovem babá sobre quem a outra esposa tinha me contado — aquela com quem Will Jordan tivera um caso, rejeitara e, em seguida, levara ao limite da sanidade, dizendo uma coisa e fazendo outra. Quando a sua esposa descobriu o caso, a babá perdeu o emprego e foi expulsa da casa. Ela saiu sem nada. Então, voltou depois de tomar uma overdose de paracetamol. Apesar de ter se arrependido de tomar o paracetamol e eles a levarem para o hospital, foi tarde demais. Ela teve falência múltipla de órgãos e morreu depois de alguns dias.

Will Jordan disse que a viu morrer, segurou a sua mão e falou que se importava e que estava com ela até o fim. Ele contou a Mischele sobre o incidente na filmagem escondida.

Mischele: Parece uma história horrível...

Will: E foi. Foi muito lamentável para todos os envolvidos. Ninguém saiu ganhando, se posso dizer assim. Ninguém escapou do impacto emocional disso. E foi completamente sem intenção, o que deixa tudo muito pior. Ninguém de fato sabia o que estava acontecendo na cabeça dela. (*Encolhe os ombros*) Sabe... eu com certeza não sabia. E suponho que, se tivesse sido um pouco menos egocêntrico naquela época, poderia ter questionado mais as coisas. Mas realmente não foi o que fiz. Nunca pensei nisso desse jeito...

Eu tava lá com ela. Sabe, realmente tava lá com ela, tão em estado de choque quanto a família e qualquer outra pessoa. Foi tipo "ah, meu Deus". Eu esperava alguma coisa? Não, de jeito nenhum. Quer dizer, foi só depois do fato de descobrirmos o contexto, o que aconteceu e assim por diante, por que ela estava...

Mischele: Ah, não sabia de nada disso. Eu só sabia o que ela havia feito.

Will: Isso é cruel. Ela tinha sérios problemas. Não quero culpar a família dela ou algo assim, mas, sabe, sei que não devia ter isso de "favorito", mas a irmã dela era definitivamente a favorita. E ela... (*pausa*)

Mischele: ...foi uma criança negligenciada?

Will: Sim, em um tipo muito bizarro de situação. E foi difícil pra ela. Como eu disse, é uma história triste. Eu deveria ter visto que pelo menos alguma coisa tava errada em vez de apenas ver uma "garota linda dando em cima de mim" e, de fato, não levar nada adiante. E fico furioso por me comportar assim. Não porque causei isso, mas porque, sim, eu fiz isso. Especialmente porque ela era muito mais jovem. E acho que falhei terrivelmente, e...

Mischele: Quantos anos você tinha na época?

Will: (*pausa/suspiros*) Trinta?

Mischele: Ah, tão jovem. Já faz muito tempo.

Will: Meu Deus, sim.

Mischele: Não tenho ideia em termos de tempo de... nada.

Will: E a garota tinha uns 20 anos ou algo assim.

Mischele: Então ela era jovem!

Will: Sim, isso que deixou tudo tão ruim... Hm, e com certeza, da perspectiva dela, ela não viu nada de errado no que estava fazendo. Ela... meio que já tinha sido mandada embora por causa de uma situação, então foi tipo, ok, pode vir a tempestade e sem ter pra onde ir (*encolhe os ombros*). Sabe, então... mas tinha mais do que a parte psicológica, e essa é a parte que eu só não (*gesticula em direção à cabeça*)...

Mischele: ...entendia?

Will: Não suspeitava. Fui totalmente sem noção. Era apenas autocentrado, egocêntrico e presunçoso.

Ele explicou como a babá era uma jovem muito vulnerável e psicologicamente torturada, rejeitada pela família (cuja favorita era a sua irmã). Ele disse que estava impressionado com a atenção dela, mas sentiu que "deveria ter percebido" ou pelo menos deveria saber que algo estava errado em vez de apenas ver a "linda garota" dando em cima dele. Ele admitiu desprezar a si mesmo por se comportar assim (por ter um caso com ela e deixá-la ser pega pela sua esposa e ser expulsa da sua casa). Mas então deu à Mischele os detalhes da morte da babá.

Will: Foi horrível, de verdade. Aquilo foi um alerta horrível. E claro que não tem nada que você possa fazer. Não era nem mesmo uma daquelas coisas que você pode dizer, tipo, ok, conseguiu ajuda na hora. Ela tava bem, na verdade. Quer dizer, você sabe, eles lavaram o estômago dela e tal... mas não tinha mais nada a se fazer. Ela estava morta, já estava declarada como morta. Foi tão cruel ver alguém literalmente falando e ter certeza de que ela iria morrer, mas só levou um...

Mischele: ...tempo.

Will: Então, sim, foi, foi horrível e a única coisa que eu podia fazer era, pelo menos, estar lá. Senti que devia isso a ela. Fui muito maltratado pela família dela... que, de novo, tá certo, da perspectiva deles, tinham motivos para fazer isso. E eu não vou ficar lá com a garota em seu leito de morte [e arranjar problema]... É mais fácil tomar essa na cara e deixar as últimas lembranças dela serem boas. Porque ela nunca teve isso.

Mischele: Mas na cabeça deles ela era...

Will: Sim, sim, então, quer dizer, não era hora de tentar [me defender]... Não faria diferença.

Mischele: Não teria adiantado nada.

Will: Exatamente. Tudo o que causaria é... (*gesticula*) Se eu pudesse me acostumar com isso, então talvez esse fosse o meu papel. Ser capaz de reproduzir alguns dos mais... para... tava tudo bem, de verdade. Mas, sim, eles passaram pela coisa toda... sabe. Algumas coisas bem desagradáveis surgiram disso, e eles descobriram sozinhos, nem tudo estava... (*aspas no ar*) mas pelo menos não veio de mim, como se eu estivesse ali tentando jogar dardos... Veio da fonte.

Mischele: ... Sua esposa.

Era salada de palavras de novo, mas a insinuação era que a sua esposa havia causado o problema expulsando a babá e, depois, criado mais problemas contando à família da babá sobre o seu caso com ele.

Fiquei me perguntando se ele estava tentando replicar essa experiência com Jewel, testando e pressionando-a para ver se conseguia fazê--la cometer suicídio. Se era isso, me pergunto a quantas outras ele fez a mesma coisa. Talvez apenas tivesse perdido o interesse ou estivesse preocupado com a situação do seu pai, que, para todos os efeitos, estava mostrando sinais de demência.

Jewel o combateu, dizendo todas as coisas certas, mas as ações dele estavam em total contradição com as palavras. Em fevereiro de 2019, ela terminou o relacionamento, mas continuou morando com ele até junho de 2019. Ela achava que precisava mantê-lo envolvido na gravidez e não tinha para onde ir. As coisas não melhoraram, porém, e ela finalmente se mudou.

Jewel entrou em contato comigo em julho de 2019 e ficou surpresa ao descobrir que ele já tinha pelo menos treze filhos. Ela me avisou quando entrou em trabalho de parto e o seu filho nasceu em 1º de agosto de 2019, o irmão mais novo dos meus filhos (que eu saiba, pelo menos).

Sei de pelo menos duas outras mulheres com quem Will Jordan esteve envolvido que se sobrepõem ao seu relacionamento com Jewel.

Em 1º de setembro de 2019, recebi uma mensagem de Mischele afirmando que William Jordan aparentemente tinha roubado 10 mil dólares de um empregador chamado Lee — um vendedor de carros usados e dono de uma concessionária. Entrei em contato com Lee e conversamos por chamada de vídeo (algo que sempre faço com as suas vítimas para conferir que não são Will Jordan tentando disfarçar a voz).

Pouco depois, fomos contatadas por Andrew, um senhorio e outra vítima de Will Jordan. Junto a história de Jewel, foi possível construir a imagem do que Will Jordan tinha feito no ano anterior.

Em 2018, a mãe de Will Jordan foi para uma casa de repouso. Mischele me disse que descobrira que Will e o pai haviam vendido a residência da família no verão por uma quantia razoavelmente decente de dinheiro e se mudaram para um lugar alugado. Em janeiro de 2019, Will Jordan respondeu ao anúncio de Andrew no Facebook para um imóvel alugado acima dos escritórios de uma concessionária de automóveis. O proprietário, Andrew, foi levado a acreditar que o pai de Will, John, iria morar sozinho no apartamento e receberia ajuda do depósito de segurança da Cooperativa de Crédito Federal da Marinha.

Em um curto espaço de tempo, ficou claro que não era só John que morava no apartamento, mas que Will Jordan e a sua namorada (Jewel) também estavam morando lá. Andrew confrontou Will Jordan sobre isso, e ele prontamente concordou em assinar um adendo que o acrescentava ao contrato de locação.

O aluguel do primeiro mês foi pago adiantado, mas o depósito de segurança e os aluguéis seguintes nunca apareceram. Havia desculpa após desculpa sobre atrasos no acesso aos fundos da Cooperativa de Crédito Federal da Marinha, cheques sem fundo, comprovantes de transferência bancária falsificados etc.

Will Jordan fez amizade com o vizinho de baixo — um homem chamado Lee, dono da concessionária — e ofereceu-se para trabalhar no escritório em troca de pagamento, ajudando a configurar e refinar os sistemas de informática e câmeras de segurança. Ele os apresentou à sua namorada grávida, Jewel, que tinha vindo morar com ele. Lee passou a conhecê-la muito bem. Quando Will começou a esquivar-se das ligações e a ignorar Jewel, ela ligava para Lee para ver se Will estava trabalhando, de forma a tentar falar com ele lá. Lee não gostou do comportamento de Will Jordan em relação à namorada grávida e o confrontou. Will Jordan simplesmente explicou que ele tinha descoberto que o bebê não era seu, então terminou o relacionamento, dizendo que ela estava apenas tentando voltar com ele, mas ele não iria ceder.

Will Jordan então apresentou Lee a outra garota, Anna, que era loira e tinha cerca de 1,62 m de altura. Anna disse a Lee que ela era uma especialista em arrecadação de fundos, e então ele pediu a Will e Anna para criarem sites que ele estava bolando para arrecadar fundos para hospitais em Camarões, assim como um site para a sua empresa.

Em maio de 2019, Andrew emitiu um aviso de despejo à família, mas levou mais dois meses para que a polícia finalmente bloqueasse o apartamento para eles. Nesse meio-tempo, Will Jordan estava pegando dinheiro emprestado de Lee para pagar aluguel e comida (aluguel que nunca foi pago a Andrew).

O site da concessionária foi ao ar, assim como os sites de arrecadação de fundos, mas Lee disse que, quando tentou acessar os fundos arrecadados, não havia nenhum. Além disso, o site da concessionária não estava com os recursos funcionando. Will Jordan disse que eles estavam tendo alguns problemas com o domínio e que ele resolveria a situação. Ele estava sendo despejado do apartamento, então armazenou alguns dos pertences no escritório. Will Jordan até fez o seu pai passar a noite no escritório antes de levá-lo para outro lugar. Will vendeu o carro do pai para Lee, mas de alguma forma perdeu a papelada e, embora os 2 mil dólares tivessem sido pagos, o carro nunca apareceu. Will Jordan disse a Lee que ele era um veterano militar e que iria receber dinheiro no fim do mês. Quando isso também não aconteceu, Will disse a Lee que o seu pai estava com câncer e ele tinha que pagar pela quimioterapia com esse dinheiro. Mais dinheiro sumiu na forma de um cheque de 2 mil dólares e depois um dos carros de Lee também sumiu.

Não temos certeza do que aconteceu com o pai de Will Jordan. Algumas pessoas ouviram que ele foi colocado em uma casa de repouso, outras que Will Jordan colocou o pai senil em um avião que atravessou o país até a cidade da irmã de Will, para que ela pudesse cuidar dele. De qualquer forma, o seu pai não está mais morando com ele.

No final de julho, Will Jordan mudou-se para Vermont, aparentemente para ficar com a Anna. De acordo com Lee, ele levou 10 mil dólares em dinheiro da empresa, assim como um carro que não lhe pertencia. Lee disse que entrou com um processo, mas não sabe onde Will Jordan está agora.

Depois que Lee descreveu Anna para mim, mostrei uma foto de Rachel. Ele confirmou que era a mesma pessoa. Então, pelo visto, Rachel ainda estava com ele.

Enquanto eu conversava com Lee na chamada de vídeo, Will Jordan telefonou para ele para explicar que ele "tinha um passado" e tinha alguns problemas que eles precisavam discutir. Ele explicou que tinha acabado de terminar um trabalho e tinha algum dinheiro para Lee, que ele levaria no dia seguinte. Lee não acreditou nele, mas achou interessante que ele escolheu ligar e explicar as coisas naquele exato momento.

Depois disso, Will Jordan geralmente ligava quando alguém estava no escritório com ele ou quando ele tinha saído. Suspeitamos que tenha hackeado as câmeras de segurança ou grampeado o escritório para garantir que pudesse manter a conversa sem ter que realmente falar com Lee, evitando, assim, que as acusações criminais fossem feitas. Will Jordan dizia constantemente que viria em breve com o dinheiro para Lee para compensá-lo por tudo.

Lee com certeza disse (repetidas vezes) que prestara queixa, mas não acho que realmente o tenha feito. Tenho as minhas suspeitas de que, como um vendedor de carros de segunda mão, ele não queira chamar muita atenção.

Pouco depois de Will Jordan desaparecer de New Jersey — no outono de 2019 — fui contatada por uma mulher em Vermont, que tinha alugado metade da sua casa para Will Jordan e Rachel. Após o marido de Rachel aparecer na porta da proprietária esperando morar com a esposa — sendo ela alguém que ouviu várias vezes que Rachel não estava mais com Will Jordan —, a proprietária pesquisou o nome de Will Jordan e encontrou o meu site. Ela estava desesperada, principalmente com a condenação por pedofilia, porque tinha duas crianças pequenas morando com ela na propriedade. Falei com a proprietária por chamada de vídeo e ela estava determinada a ir à polícia. Depois de conversar com a polícia local, ela me ligou de volta, furiosa por terem se recusado a ajudar. Disseram que Will Jordan não tinha cometido nenhum crime contra ela ainda e ela só teria que tentar despejá-los. Então ela me disse que falaria com Will e Rachel mais tarde e entraria em contato comigo depois disso.

Ela não respondeu mais. Embora eu tenha mandado várias mensagens, ela não respondeu, e suspeito que ela foi sugada para a história dele de que sou uma agente inimiga ou algo assim.

Eu já disse isso antes, mas precisa ser dito de novo: psicopatas nunca param. Apenas aprendem novas técnicas ou passam para novas vítimas. Will Jordan continuará fazendo isso. Mesmo se for colocado na prisão outra vez, ele vai continuar a manipular e controlar as pessoas ao seu redor, ganhando tempo até que saia e encontre novas vítimas para abusar. Ele vai fazer isso até o dia da sua morte.

Ainda estou tentando ajudar as pessoas — ainda tento educar potenciais vítimas de psicopatas e narcisistas. Ainda tento apoiar as vítimas. Ainda tento educar o público. É só por meio de conhecimento, compreensão e autoconsciência que iremos reconhecer e combater personalidades tóxicas. E quanto mais de nós nos expusermos e compartilharmos as nossas experiências sem vergonha ou constrangimento, mais pessoas se sentirão empoderadas para fazer o mesmo.

casei com um
PSICOPATA
Mary Turner Thomson

O PRESENTE

Já que muito do que Will Jordan me disse era mentira, recentemente decidi fazer um teste de DNA nos meus filhos no ancestry.com, um site que oferece serviços de mapeamento de ancestralidade. Will Jordan alegou que tinha herança indígena americana, além de ser parcialmente caribenho, mas até isso foi mentira. O resultado do mapeamento genético dos meus dois filhos mais novos foi fascinante. Eles tinham herança europeia e escocesa através de mim, e exclusivamente africana através de Will Jordan, mas nada de qualquer outro continente. Tenho certeza de que, nos próximos anos, mais irmãos dos meus filhos irão pedir para testarem o DNA e até mesmo entrar em contato comigo e a minha família, já que a ligação de DNA possivelmente responderá a algumas perguntas que eles possam ter.

Os meus filhos tornaram-se indivíduos fortes e confiantes. Robyn ainda tem alguma ansiedade, mas lida com isso muito bem. Agora trabalha em período integral como ilustradora e dubladora. Ela é pansexual, algo que eu inicialmente não entendia, mas que agora admiro muito. Ser pansexual significa que você não se sente atraído apenas pelo mesmo sexo, ou pelo sexo oposto, ou por pessoas trans. Na verdade, alguém que é pansexual sequer pensa sobre o gênero de alguém, mas, em vez disso, é atraído por quem a pessoa é em primeiro lugar. A genitália que um indivíduo possui é irrelevante ao relacionamento que se desenvolve. Ela agora está noiva e em um relacionamento muito amoroso e estável com um homem que a adora e é adorado por ela.

A minha filha do meio, Eilidh, já concluiu o ensino médio e é uma das pessoas mais confiantes e impetuosas que já conheci. Tem o pensamento aguçado, determinação e foco para alcançar as coisas, excedendo em muito o meu. No seu primeiro ano do ensino médio, tirou nota dez em todas as provas; é óbvio que é muito inteligente. Uma coisa que Eilidh herdou foi a aptidão do pai para aprender. Aos 8 anos, ela assistiu ao *Dance Moms* e ficou inspirada. Ela decidiu que iria abrir espacate, então todos os dias se alongou e praticou até que finalmente conseguiu o espacate lateral e frontal. Aos 15 anos, ela me perguntou se eu poderia lhe ensinar uma peça musical no piano que eu costumava tocar. Era uma peça do filme *O Piano* chamada "The Heart Asks Pleasure First", que era meio que uma especialidade minha. Ri e disse que só aprendi a tocar essa peça depois do meu oitavo grau de piano, e ela nunca tinha tocado na vida. Eu lhe disse que ela precisava aprender o básico primeiro e desenvolvê-lo. Eilidh, sendo Eilidh, me ignorou e decidiu ser autodidata. Em duas semanas, estava tocando a peça e, dois anos depois, tinha um vasto repertório de peças que aprendera sozinha. Foi igualmente esforçada no taekwondo, ganhando medalha após medalha em sequências de movimentos, lutas e chutes voadores. Ela obteve a faixa preta em 2018 e, em 2019, ganhou medalha de ouro no Campeonato Britânico das Escolas Independentes de Taekwondo.

Eilidh também está em um relacionamento sério com um cara que é ideal para ela. Eles parecem ser uma combinação perfeita e ficam muito bem juntos — o frio dele com o calor dela.

Embora eu não esteja superfeliz que as minhas duas meninas tenham conhecido homens que parecem ser o "par perfeito" tão novas, acho que elas são muito mais equilibradas do que jamais fui na idade delas. Talvez a minha vida fosse muito diferente se eu não tivesse "pegado geral" e, em seguida, ficado com o homem que eu namorava aos 18 anos. O que sei com certeza é que elas são mulheres fortes e confiantes que se defenderão. Se os seus relacionamentos não derem certo, sei que vão sobreviver e prosperar ao seguir em frente. Por enquanto, estão curtindo as relações e eu lhes desejo tudo de melhor. Se os parceiros não forem o "par perfeito", então são, pelo menos, o "par perfeito agora".

No último ano, o meu filho cresceu de um menino 15 cm mais baixo do que eu para um jovem agora mais alto do que eu. Estou um pouco triste pela perda do meu menininho, mas estou muito orgulhosa do homem que ele está se tornando. Zach é uma alma amorosa e gentil que quer ou ir para a faculdade de direito ou ser uma estrela do basquete — ou talvez ambos! Ele também conseguiu a sua faixa preta de taekwondo em 2018 e ganhou inúmeras medalhas por lutas e sequências ao longo dos anos. Também estava na equipe escocesa que ganhou medalha de ouro no Campeonato Britânico das Escolas Independentes de Taekwondo em 2019.

Estou imensamente orgulhosa de todos os meus filhos e das suas realizações. Nenhum deles apresentou qualquer problema em relação ao pai, além da ansiedade de Robyn, que tem tanto a ver com o seu próprio pai quanto com o padrasto. A minha decisão de ser honesta e aberta com eles desde o início parece ter sido a coisa certa a fazer. Isso permitiu que eles falassem sobre a situação, fizessem perguntas e discutissem o que aconteceu sem qualquer amargura ou raiva. Isso me permitiu compartilhar com eles o que eu aprendi sobre o transtorno de Will para ajudá-los a entender o que tinham vivenciado.

Decidi tentar namorar outra vez, agora que as crianças estão mais velhas; pensei que seria interessante explorar a ideia. Entrei em um aplicativo de encontros e me coloquei na pista novamente. Conversei com algumas pessoas, mas estavam basicamente procurando "sexting" ou "apenas uma rapidinha", então as bloqueei imediatamente. Depois comecei a falar com um cara simples que parecia interessado em um relacionamento real. Combinamos de nos encontrar para um café e pensei muito no que dizer a ele sobre Will Jordan, o meu livro e a minha carreira falando sobre psicopatas. Era algo difícil. Eu podia imaginar a conversa.

"Então, o que você faz?"

"Sou escritora."

"Ah, sério? O que você escreveu?"

"Um *true crime* autobiográfico chamado *The Bigamist*."

E aí isso se desdobra em perguntas sobre a história e uma explicação de que o meu ex é um psicopata golpista que ativamente engravida mulheres para roubar o dinheiro delas.

Não tenho constrangimento ou dificuldade em contar a minha história; no entanto, quando se trata de sair com alguém, há duas coisas que imagino que acontecerão. Em primeiro lugar, se a pessoa descobrir antes de me conhecer, pode achar que estou completamente arrasada e em um caos emocional, então não vai querer sair comigo. Ou, então, talvez perceba que sou emocionalmente forte e segura, e aí vai se preocupar que, se fizer besteira, posso escrever um livro e expô-la para o mundo todo! Se eu não contar o que de fato aconteceu comigo, teria que pensar em alguma outra história para contar, e isso não seria mentir? Dou uma diminuída às vezes e, quando as pessoas me perguntam "Então, o que você faz?", conto sobre o negócio que abri e construí nos últimos dez anos. "Sou consultora editorial e trabalho com crianças e adultos para ajudá-los a se tornarem autores publicados."

Isso nos deixa em um clima muito mais leve e é bom para o networking, mas parece apenas meia-verdade.

Então, quando estava indo encontrar esse cara para um café, decidi contar-lhe sobre o livro e as minhas experiências — mas não imediatamente. Eu veria se gostava dele primeiro e decidiria depois.

Nos encontramos no início de fevereiro de 2019 em um grande hotel. O lounge do hotel era agradável — poltronas confortáveis e cores de outono com um fogo crepitante na lareira. Só tinha a gente e um outro casal do outro lado da sala. Ele e eu conversamos por uma hora mais ou menos, e foi muito fácil e confortável. Gostei bastante dele. Não era excessivamente charmoso, parecia estar interessado sem ser muito intenso.

Então algo aleatório aconteceu.

Quando o outro casal se levantou para ir embora, a mulher veio até mim e disse: "Eu te conheço — você não é a Mary Turner Thomson?".

"Sim", respondi.

"Adorei o seu livro", disse ela, *The Bigamist*. Acho você uma mulher maravilhosa. Passou por uma provação tão pesada e realmente abriu meus olhos para os sociopatas. Isso me ajudou a entender algumas das minhas experiências anteriores."

Depois que agradeci, ela saiu rapidamente. Então me voltei para o meu acompanhante e percebi pelo olhar interrogativo no seu rosto que a escolha de contar ou não tinha acabado de ser tirada de mim. Contei a minha história de forma resumida. Ele pareceu extremamente despreocupado e um pouco desinteressado nisso (o que foi bem-vindo) e continuamos conversando sobre outras coisas, inclusive sobre a sua ex-mulher e os cruzeiros que costumavam fazer, a motocicleta que ele estava comprando e como ele estava orgulhoso do seu filho adulto. Conversamos por três horas! No final do encontro, ele me deu um beijo na bochecha e me convidou para outro encontro no fim de semana seguinte. Decidi tentar e disse que sim.

Poucos dias depois, peguei um resfriado horrível e fiquei de cama por alguns dias. Trocamos várias mensagens e falei que estava doente e tinha que ficar sem trabalhar por alguns dias e ele pareceu muito compreensivo. No dia de São Valentim, cinco dias após o nosso primeiro encontro, ele me mandou um cartão online de manhã, ao qual eu respondi. Então, naquela noite, ele me mandou uma mensagem dizendo que estava "terminando comigo", porque eu não estava flertando o suficiente e não parecia interessada nele. Não tenho ideia de onde veio isso e apenas mandei uma mensagem de volta dizendo que tudo bem e "apenas como uma sugestão, talvez dê à próxima garota um pouco mais de tempo antes de chegar a essa conclusão, já que alguns dias realmente não são tempo suficiente para avaliar isso".

Ele mandou uma mensagem que dava a entender que eu era a culpada por algo e parecia querer que eu discutisse ou o persuadisse a mudar de ideia. Para mim, estava acabado a partir do momento que li as palavras na sua mensagem.

Fui perfeitamente agradável com ele (afinal, tivemos apenas um encontro e eu não estava emocionalmente envolvida ainda). No que me diz respeito, mereço alguém que esteja preparado para se esforçar um pouco mais do que isso. Ele ficou um pouco desagradável, acusando-me de ser inacessível, ao que respondi: "Bom, da próxima vez pode ser uma boa ideia dar tempo para uma garota te conhecer e até mesmo ir no segundo encontro antes de 'terminar com ela' sem que qualquer um de vocês tenha tempo para explorar 'isso'".

No dia seguinte, ele me mandou uma mensagem alegre, dizendo: "Como você está; o que vai fazer hoje?".

Simplesmente respondi: "Achei que você tivesse terminado comigo?".

Ele respondeu: "Desculpe".

Então perguntei: "Por terminar ou por mandar mensagem hoje?".

Depois ele ficou agressivo e eu o bloqueei.

Sou feliz e tenho sido muito feliz sozinha. De vez em quando me pergunto como seria ter um parceiro, e eu teria amado se os meus filhos tivessem uma boa figura paterna. Existem alguns homens verdadeiramente maravilhosos no mundo, homens que dão apoio e são carinhosos, que fazem a sua parte em casa, dividem o peso das despesas e dão amor às suas parceiras. Apenas nunca conheci o meu. Tento não ficar pensando no porquê de o homem que eu acreditava ser a minha "alma gêmea" acabar sendo um psicopata porque não vai ajudar em nada. Ainda tenho dias difíceis quando sinto que a única pessoa (adulta) que realmente me amou foi a minha mãe. No entanto, na maioria das vezes sou positiva e, quando olho para a parte prática da situação, não acho que gostaria de compartilhar a cama com ninguém de novo, nem ter que lavar as meias de outra pessoa. Então, a menos que alguém verdadeiramente maravilhoso apareça, não acho que realmente quero outro relacionamento. Não tenho tempo para "me conformar" com alguém apenas porque ele está disponível.

Ao longo dos anos, fiz algo que não podia inicialmente explicar. Tive vontade de falar com antigos namorados para descobrir se algum dos relacionamentos que tive fora real e se eu realmente tinha sido amada. Óbvio que as pessoas com quem entrei em contato ficaram surpresas e confusas ao me ouvir e, em geral, eram bastante indiferentes. Devo reconhecer que um contato meu, do nada, deve ter sido um pouco estranho. Então, um dia, a minha irmã mencionou que ela havia esbarrado com um dos meus primeiros namorados, de quando eu tinha 19 anos. Ele não tinha sido só um namorado, mas um primeiro amor mútuo, e, embora o relacionamento tenha durado apenas cerca de um ano, permanecemos amigos por mais de uma década depois, antes que a vida atrapalhasse e seguíssemos caminhos separados.

Liguei para ele do nada e a sua reação me surpreendeu. Ele estava feliz por ter notícias minhas e arrasado por saber o que tinha acontecido. Ele me ligou de volta no dia seguinte, bravo, precisando falar sobre isso, dizendo "como alguém ousa" tratar a Mary dele assim. Fiquei tão emocionada. Sempre o amei e isso me fez sentir como se tivesse algo em que me apoiar.

Foi muito significativo para mim que pelo menos um dos meus relacionamentos tinha sido real, pelo menos um homem tinha me amado o suficiente para ainda se importar comigo anos depois. Reavivamos a nossa amizade, embora raramente nos vejamos. Ele tem uma parceira e um filho agora, então não existe romance, mas isso me ajuda a saber que poderia ter existido.

casei com um
PSICOPATA
Mary Turner Thomson

A VIDA CONTINUA

No final do meu relacionamento com Will Jordan, tive que lidar com a pior experiência da minha vida: perder a minha mãe. De certa forma, isso me empurrou cruelmente para a plena idade adulta aos 41 anos. O meu pai, embora um homem decente, era um senhor muito antiquado. Ele trabalhava para sustentar a família e fazia todas as coisas de "pai" como bricolagens pela casa, cuidar do jardim e coisas do gênero, mas nunca tinha sido muito envolvido conosco quando éramos crianças. Estava presente, mas ficava na dele. No entanto, foi um pai infinitamente melhor do que Will Jordan para os meus filhos. Uma das minhas memórias favoritas do meu pai na infância é de quando ele comprou um carro esportivo MG verde-escuro de dois lugares, quando eu tinha talvez 4 ou 5 anos de idade, e ele me deixou sentar no seu colo e dirigir enquanto ele controlava os pedais — algo que seria totalmente ilegal hoje. Acho que é uma lembrança tão especial para mim porque foi empolgante e diferente, mas também porque eu estava recebendo a atenção total do meu pai. De fato, era uma ocasião rara para a mais nova dos seus quatro filhos.

Quando a minha mãe morreu, o meu pai fez o possível para ser presente e ser um bom pai para todos nós. Embora já estivéssemos na idade adulta, foi realmente a primeira vez que o conheci como pessoa em vez de uma figura paterna obscura. Quando ele tinha 85 anos, a sua conversa começou a ficar um pouco circular, então passei a trabalhar com ele para escrever sua história de vida, que era fascinante. Nascido em

1925, ele tinha visto tanta mudança no mundo. Ele podia se lembrar de quando tinha 10 anos e descia a George Street em Edimburgo na charrete do seu avô Fred, com os cães correndo entre as rodas traseiras. Um policial (não havia semáforos em Edimburgo naquela época) levantou a mão para dizer a Fred que parasse e Fred apenas acenou de volta, como se o policial estivesse sendo amigável. O meu pai ficou impressionado que Fred tenha escapado dessa! A escola do meu pai foi bombardeada durante a Segunda Guerra Mundial, matando o diretor, e, quando ele tinha idade suficiente, partiu para o treinamento de oficiais da Marinha. No final do treinamento, foi enviado para o seu navio e, no momento em que chegou, disseram-lhe para guardar as suas coisas porque eles estavam de saída! Ao perguntar para onde estavam indo, disseram-lhe: "É o Dia D!". O navio estava soltando fumaça no Canal da Mancha para mascarar o movimento dos navios de tropa, então eles tinham que ir e voltar o tempo todo enquanto eram bombardeados.

O meu pai recebeu uma câmera cinematográfica e pediram-lhe para filmar a ação. Naquele momento, ele achou que era um trabalho muito importante, mas depois, quando perguntou a quem deveria dar o filme e responderam que era para guardá-lo, o meu pai percebeu que a câmera apenas garantiu que ele não atrapalhasse ninguém. Isso lhe deu, no entanto, um interesse, e, após a guerra (e um diploma em matemática de Cambridge, assim como uma breve passagem pela editoração e pelo ensino), ele entrou na indústria emergente da televisão em 1950. Depois disso, vivenciou a era de ouro da televisão até se aposentar aos 55 anos e então fez alguns trabalhos freelance de produção de vídeo.

Era interessante ter um pai na televisão. Ele e a minha mãe tinham amigos fascinantes, muitas vezes pessoas bastante famosas. Sempre que íamos ver uma peça, o meu pai sugeria que fôssemos aos bastidores cumprimentar o elenco, algo que eu achava bastante normal, mas aparentemente não era! O elenco sempre parecia estar feliz em nos ver, principalmente quando o meu pai mencionava que era produtor de TV.

Depois que a minha mãe morreu, o meu pai vendeu a casa da família e mudou-se para um apartamento muito bom, onde morou por doze anos. Ele ficou um pouco esquecido, mas escrever a história da sua vida pareceu reacender completamente o seu cérebro. No entanto, no processo de escrever este livro que você está lendo, em janeiro de 2018, o meu pai adoeceu. Faltando apenas dois meses para o seu 93º aniversário, ele inicialmente parecia um pouco confuso, então fiz um teste de demência com ele. Pedi que dissesse os meses do ano em ordem reversa. "Ok", disse ele, "dezembro, novembro, outubro, Espanha..." e então parou. Ele sabia que tinha errado, mas não sabia qual era o erro. Tentamos buscar ajuda para ele ser avaliado, mas as coisas pioraram muito rápido e alguns dias depois ele acordou perguntando em qual apartamento estava. A minha irmã e eu fizemos o nosso melhor para cuidar dele em casa, com atendimento quase ininterrupto, mas, depois de algumas semanas, ficou claro que estava regredindo com rapidez.

Ele parecia fisicamente bem, embora bastante confuso, e tinha caído algumas vezes. Começou a ter alucinações de vez em quando. Apontava para a parede vazia e perguntava: "Quem é aquele garoto?" ou "Quem é aquela mulher parada ali?". Pareciam ser apenas sombras e imagens. Ele não estava delirante, no entanto, e, quando explicávamos que não havia nada lá, ele aceitava que estava alucinando. A situação ficou evidente um dia em que ele apontou o chão e disse:

"O que essas pessoas estão fazendo ali embaixo?".

Perguntei: "São pessoas pequenas, pai?".

"Não", disse ele, confuso com a pergunta, "são pessoas de tamanho normal."

"Quem são elas?", perguntei.

"São médicos", respondeu ele.

"O que você acha que eles estão fazendo, então?"

"Ora" — ele fez uma pausa — "estão sendo médicos!"

De repente, eu sabia o que estava acontecendo. O meu pai tinha inaugurado o primeiro drama médico da TV na década de 1950, um programa chamado *Emergency Ward 10*. Era filmado em um grande estúdio da TV britânica e, como produtor, ele tinha que trabalhar em uma ilha de edição com janela de vidro no segundo andar, com vista para todos os cenários do estúdio. Eu tinha visto fotos da vista mostrando os atores vestidos de médicos, filmados do alto. O que o meu pai estava vivenciando era "delírio de fim de vida". O seu cérebro estava desligando e, em vez da sua vida "passar" diante dos seus olhos, aquilo estava acontecendo lentamente, por um longo período. De certa forma, era como se as pessoas do passado estivessem vindo para se despedir. Os amigos de infância, a mãe, a esposa, os colegas de trabalho. Ele não ficou nem um pouco angustiado e acho que até encontrou conforto nisso.

Por fim, o meu pai ficou muito frio e confuso, então chamei uma ambulância e ele foi levado para o hospital. Só estava ciente de que estava lá nos primeiros dias, antes que a confusão enfim assumisse o controle. Ele morreu uma semana depois.

Embora eu estivesse triste por perder o meu pai, realmente sinto que ele viveu uma vida plena. Era um homem incrivelmente sortudo, sempre conseguia dar um jeito, não importa o que a vida arrumasse para ele. Até ter essa doença repentina, ele era feliz, vivendo numa casa própria e tendo uma existência bastante confortável. No entanto, acho que estava pronto para partir, ao passo que a minha mãe morreu aos 77 e ainda tinha muita coisa que ela podia ter feito.

Resolver os bens do meu pai foi traumático, até porque, quando colocamos o apartamento dele à venda, recebemos uma oferta imediata de um cara que veio ver o espaço. Disseram-nos que tudo estava resolvido e o negócio foi fechado, então esvaziamos o local e limpamos cada centímetro. Mas, um dia antes de o sujeito se mudar, ele avisou que ainda não tinha resolvido a hipoteca e levaria mais algumas semanas para poder se mudar. As semanas foram passando e ele deu várias desculpas para justificar os atrasos. O seu corretor o tinha deixado na mão, então foi diretamente ao banco; eles haviam perdido algum documento, então ele estava indo para outro banco etc.

Lembrei-me muito das desculpas de Will Jordan e achei toda essa experiência incrivelmente estressante. Na primeira semana de desculpas, avisei aos meus irmãos que isso não estava certo, mas não havia nada que pudéssemos fazer. Enfim, após dois meses de atrasos diários, colocamos o apartamento de volta à venda e dissemos ao sujeito que ele poderia fazer uma oferta novamente se quisesse. Recebemos uma oferta melhor na segunda vez e tivemos um imenso prazer em mandar o homem cair fora. Não tenho ideia de qual era o benefício dele com essa experiência a não ser nos atrapalhar. Possivelmente era outro psicopata, ou talvez estivesse apenas delirando e buscando algo que simplesmente não podia ter.

Assim, finalmente, tudo foi resolvido. A minha parte da herança significava que eu tinha capital suficiente para enfim voltar ao mercado imobiliário e, com uma hipoteca, consegui comprar uma casa quase um ano depois que o meu pai morreu. Não é uma casa glamorosa e não fica na área mais salubre — na verdade, é bem pequena e está lotada de coisas —, mas é a *minha* casa. Por meses, fiquei tocando nas paredes e dizendo: "Estas são as *minhas* paredes" e "Este é o *meu* chão", com uma sensação imensa de felicidade e satisfação. Depois de passar doze anos alugando apartamentos e tendo que me mudar toda vez que um proprietário decidia abrigar a sua irmã, ou colocar o lugar à venda, *finalmente* ter a minha própria casa de novo foi (e ainda é) incrível. Ter de volta o que eu havia perdido em questões mentais e sentir que estou no controle da minha própria casa é maravilhoso. Se quiser pintar as paredes, posso. Se quiser derrubar o galpão ou cavar o jardim, posso. A casa é minha e a sensação é ótima.

casei com um
PSICOPATA
Mary Turner Thomson

NOVOS COMEÇOS

Analisei todos os aspectos da minha vida nos últimos treze anos — reivindicando cada parte, emocional, mental, física, financeira, profissional e espiritual. Examinei cada área da minha vida e revisitei lugares em que eu tinha estado com Will Jordan, mas desta vez sozinha ou com outras pessoas. Fui sozinha ou com amigos rever produções teatrais que havíamos visto juntos. Quando estive em Londres para algumas entrevistas para a mídia, fui ao teatro onde *Os Miseráveis* estava em cartaz e expliquei para a pessoa da bilheteria porque eu estava lá. Me deram um lugar muito caro por uma fração do preço, e eu me sentei e chorei durante a apresentação toda. Não sei o que o homem sentado ao meu lado achou disso, já que funguei do começo ao fim. Também voltei para ver *O Fantasma da Ópera* por conta própria e visitei os restaurantes a que fomos juntos. Assisti novamente a filmes e ouvi músicas que tínhamos compartilhado, desta vez com novos sentimentos e novos significados das palavras. Revi o apartamento em Portobello e a casa em Dick Place. Não entrei em nenhum dos dois, mas fiz as pazes com ambos. Fui a cafés onde me encontrei com Will Jordan e me mimei com um café adorável enquanto ficava ali e lia um livro ou jogava um jogo, pensando em qualquer coisa que não fosse ele. Gradualmente, removi Will Jordan da minha vida.

Eu me livrei de tudo que ele havia tocado na minha casa, substituí os móveis ao longo do tempo e removi coisas que ele havia comprado. Doei tudo dele para uma loja de caridade, vendi a minha aliança de casamento e comprei algo muito banal com o que ganhei — nem lembro o que era. Qualquer coisa que me lembrasse dele foi removida ou revivida sem ele.

Curei as cicatrizes emocionais criando novas memórias e seguindo em frente.

A última vez que me automutilei foi em um incidente isolado em 2004, quando estava com Will Jordan. Foi enquanto eu estava acordada no meio da noite, depois de ouvir barulhos, acreditando que os "desafetos" sobre quem ele tinha me falado vieram sequestrar os meus filhos. Eu já tinha vasculhado a casa, apavorada, e depois me sentei à mesa da cozinha, ainda segurando o taser ilegal que ele me ensinara a usar. Estava tão estressada que peguei uma faca trinchante e deliberadamente cortei a parte interna do meu antebraço esquerdo. Não foi perto das artérias e não era uma tentativa de suicídio, apenas uma manifestação física da dor emocional que eu estava sentindo. Isso ajudou a me distrair do estresse em que eu estava no momento, mas deixou uma longa cicatriz reluzente.

Cada vez que via essa cicatriz, lembrava tudo que Will Jordan me fez passar. Lembrava como me permiti ser colocada naquela posição e quão perto me senti de perder a sanidade. Por fim, decidi que não queria mais ser levada de volta àquela angústia. Então, em janeiro de 2019, fiz a minha primeira tatuagem. É um bico de pena colorido, quase do comprimento do meu antebraço, que está escrevendo um símbolo do infinito. Saindo da pena, três pássaros levantam voo.

É uma fonte de imensa motivação para mim e abrange as três coisas de que mais tenho orgulho na vida. Quando olho para o meu braço agora, em vez de ver a dor do corte, vejo a minha escrita e o que o meu livro alcançou no bico de pena; vejo a minha faixa preta no símbolo do infinito; e vejo os meus três filhos alçando voo. Muito em breve pretendo adicionar a essa tatuagem outros pássaros que se transformam em livros e livros que se transformam em pássaros, para representar todas as crianças com quem trabalhei escrevendo histórias, assim como todas as pessoas que o meu livro ajudou.

Enfim me reergui. Tenho a minha casa, empresa e família, e a minha vida está em constante melhora. Os meus filhos estão todos morando em casa no momento, e adoro tê-los por perto, mesmo que seja um pouco lotado e caótico. Eles não vão morar aqui para sempre, então vou aproveitá-los enquanto puder.

Este não é o fim. É apenas o fim de um capítulo da minha vida. O que o resto do "livro" contém, eu realmente não sei. Sei que não é a última vez que ouvirei falar de Will Jordan. Sei que ele não vai parar, que ele nunca vai parar. Terei notícias de novas vítimas e outros filhos. De outras pessoas cujas vidas ele arruinou financeiramente ou destruiu emocionalmente. Sei que ainda há uma nova geração por vir.

Também sei que continuarei ajudando as pessoas. Vou continuar a ouvir as suas histórias sobre como tiveram experiências com psicopatas, sociopatas e narcisistas. Como foram usadas e abusadas a ponto de não saberem como se levantar de novo. Espero que a minha história as ajude a se recuperar. Quero poder inspirar as pessoas a não se sentirem constrangidas ou envergonhadas do que aconteceu com elas. Espero poder lhes mostrar que não devem ficar destruídas por uma experiência como essa. Que leva tempo, paciência e muito autocontrole, mas que é possível. Retomar o controle. Deixar o passado para trás. Perdoar a si mesma por ser ingênua ou crédula ou simplesmente por ser gentil. E ser capaz de seguir em frente com a vida de uma forma positiva, forte e feliz.

Estou muito satisfeita e extremamente orgulhosa de poder escrever um livro sobre isso, e poder compartilhar a minha história e criar muitas oportunidades a partir dela. Colocar tudo isso no papel ainda é a coisa mais catártica que já fiz. E acho que o livro ajuda muitas outras pessoas quando é lido. Não tenho palavras para expressar o quanto é significativo para mim ler mensagens e comentários na minha página do Facebook ou avaliações do livro na Amazon (sim, leio uma por uma), de pessoas dizendo que a minha história e o meu livro as ajudaram a entender melhor as suas experiências e lhes permitiram ver tudo sob uma nova luz. Isso significa que a minha experiência não foi em vão e tem algum valor neste mundo. Isso também mostra a todas as outras pessoas passando por algo semelhante que elas de fato *não* estão sozinhas!

Obrigada por ler a minha história. Obrigada por ser o público que fez a minha história valer a pena. Boa sorte e espero que algo maravilhoso aconteça com você hoje.

Mary

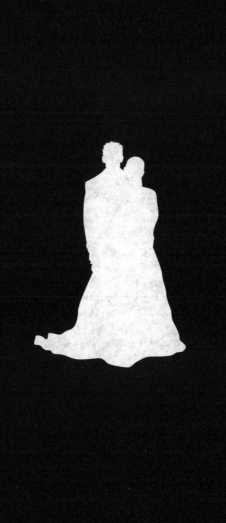

EXTRAS

casei com um
PSICOPATA
Mary Turner Thomson

Breve guia para **identificar** e **combater** técnicas tóxicas

Existem alguns relatórios de pesquisa realmente fascinantes sobre a linguagem e as técnicas que os psicopatas usam para manipular os seus alvos e as pessoas ao redor. Um deles é *Hungry Like the Wolf: A Word-Pattern Analysis of the Language of Psychopaths*. Em 2011, o dr. Jeffrey Hancock, da Cornell University e agora professor de comunicação na Escola de Humanidades e Ciências de Stanford e diretor fundador do Laboratório de Redes Sociais de Stanford, juntou-se ao dr. Michael Woodworth, um professor de psicologia da University of British Columbia no Canadá. O dr. Woodworth pesquisava assassinos psicopatas e não psicopatas em prisões, enquanto o dr. Hancock pesquisava linguagem. Usando análise de texto computadorizada, Woodworth e Hancock descobriram que criminosos psicopatas tendem a fazer escolhas de palavras identificáveis ao falarem sobre os seus crimes.

O dr. Woodworth entrevistou 18 psicopatas (identificados por meio do PCL-R), assim como 38 assassinos não psicopatas em prisões em todo o Canadá.

Eles descobriram que os psicopatas eram mais propensos a falar sobre os crimes do ponto de vista instrumental. Em outras palavras, os psicopatas cometiam o crime a fim de realizar um determinado objetivo, enquanto os não psicopatas tendiam a cometer crimes de uma forma reativa, tal como matar um parceiro depois de descobrir que ele foi infiel. Ao falar sobre os crimes, os psicopatas usavam uma linguagem mais obscura e se referiam a eles como parte do passado, como se estivessem mais distantes das suas ações. Os psicopatas também falavam muito mais sobre as suas necessidades básicas durante os crimes. Eles se atentavam ao que comeram naquele dia, o que beberam, o dinheiro que ganharam, enquanto assassinos não psicopatas tendiam a se concentrar em outros assuntos como religião, espiritualidade e família.

O dr. Hancock supôs que, na "Hierarquia das Necessidades" de Maslow, psicopatas estão mais interessados em um nível inferior de necessidades básicas do que pessoas empáticas, isto é, comida, água, dinheiro, abrigo, do que as necessidades de nível elevado, como família, autoestima e autorrealização. Isso pode ocorrer porque os psicopatas já têm um ideal interno grandioso de quem são e, portanto, não precisam pensar nisso, mas, em vez disso, estão interessados nas suas necessidades materiais. Foi o interesse dos psicopatas em falar sobre o que comeram no dia em que mataram uma pessoa que deu o título ao relatório, *Hungry Like the Wolf*.

Woodworth afirmou: "Você pode passar duas ou três horas com um psicopata e sair hipnotizado". O nível da linguagem corporal e a distração que eles usam é essencial aqui, assim como o fato de usarem essa técnica para distrair as pessoas da mensagem subjacente. São tão bons em manipular as pessoas cara a cara que é perturbador, mesmo para pesquisadores especialistas qualificados.

Portanto, embora a linguagem deles seja bastante particular, o contato face a face e a comunicação não verbal são realmente as formas como manipulam pessoas.

Uma pesquisa para determinar se é possível analisar a linguagem nas redes sociais para identificar psicopatas na comunidade pode ser vital, pois tudo o que fazemos digitalmente deixa um registro de como falamos ou escrevemos.

Uma maneira de colocar em prática essa pesquisa seria conferir se é possível identificar psicopatas por meio da linguagem que usam nas mídias sociais e digitais, assim profissionais de saúde e investigadores poderiam entender melhor as suas motivações. Obviamente isso não pode ser usado como evidência "isolada", mas pode servir de apoio a outras evidências dos investigadores ou profissionais de saúde. Por exemplo, se a mídia escrita e digital pode destacar o potencial para psicopatia, então os agentes da polícia poderiam entrevistar o suspeito de uma maneira diferente, possivelmente usando não humanos para entrevistá-los no futuro. Essa técnica, meio parecida com um polígrafo, não é, no momento, aceitável como prova em tribunal.

No que diz respeito a namoro online, Hancock trabalhou com um amigo que tinha uma empresa de namoro online no Reino Unido. A empresa tinha uma pequena equipe de pessoas treinadas para identificar perfis problemáticos, como pessoas que foram denunciadas como violentas, e a equipe então transformava o perfil em "fantasma". Isso ocorre quando a empresa de namoro online torna o perfil invisível para todos, exceto para o proprietário, que pensa que continua no site, embora ninguém possa realmente vê-lo. Eu aprovo completamente essa medida porque, se o perfil apenas fosse excluído do site, a pessoa simplesmente iria para outro site de namoro, e acredito e sei que retardar psicopatas pode salvar vítimas. Como existem agora em torno de 8 mil sites de namoro e milhões de perfis de namoro online, seria necessário um serviço automatizado de análise de linguagem para identificá-los.

Claro, isso pode se tornar possível no futuro, embora não o seja agora, mas é bom saber que as pessoas estão investigando isso.

No entanto, existem técnicas que sabemos que as pessoas tóxicas usam para manipular e controlar os outros. Achei útil listar as técnicas que psicopatas, narcisistas e sociopatas usam para manipular as pessoas, e mais especificamente como combatê-las.

LOVE-BOMBING

Essa é uma técnica que pessoas tóxicas usam para envolver vítimas, baixar as defesas delas e as fisgar com firmeza. O *love-bombing* acaba com a resistência da vítima e a programa para ser complacente. Começa com elogios e demonstrações públicas de afeto, bem como presentes luxuosos. Basicamente, tudo o que alguém pode querer de um romance no início, e o tipo de coisa que todos nós já vimos em filmes românticos quando o casal se encanta e se apaixona. O mais viciante de tudo são as promessas de um futuro melhor. Essas pessoas (às vezes disfarçadamente) descobrem os desejos e objetivos do alvo e fazem promessas que excedem em muito as expectativas, incentivando-o a pensar de forma mais ambiciosa e fora da zona de conforto, desestabilizando, assim, o equilíbrio da vítima enquanto ela também acredita que esse novo parceiro só deseja o seu melhor.

Elas vão falar sobre serem "almas gêmeas" e declarar amor eterno dentro de algumas semanas de encontros e em geral parece que estão fazendo o relacionamento avançar um pouco rápido demais, mas o alvo deixa isso acontecer para ver até onde vai.

A pessoa tóxica é afetuosa e amorosa, e parece totalmente focada no alvo. As coisas progridem rápido e a vítima acaba sentindo que é isso que estava faltando em todos os outros relacionamentos que já teve.

É uma forma de condicionar. É uma forma de *grooming*, de aliciamento.

Assim que estiverem totalmente conquistados, as coisas começarão a mudar.

Em breve as demonstrações de amor só acontecerão quando a vítima se comportar e agir de acordo com o que a pessoa tóxica deseja. A situação se torna seletiva e deliberadamente manipuladora.

É difícil detectar o *love-bombing* porque parece um relacionamento verdadeiro. Todos os relacionamentos novos são empolgantes e a promessa de um futuro juntos é inebriante. Conhecer alguém novo nos deixa emocionalmente bêbados e em geral não há alarmes disparando! A chave para identificar o *love-bombing* é a velocidade com que isso acontece. A pessoa tóxica exigirá muito do seu tempo, e as redes sociais tornam isso mais fácil, com SMS, mensagens, postagens etc., assim como longas ligações telefônicas e encontros. Facilitamos muito para essas pessoas tóxicas estarem em constante contato conosco e elas tiram proveito disso. A pessoa tóxica não quer que você pare e pense sobre o que está acontecendo... Lembre-se, ela quer te deixar nas nuvens para que você não possa racionalizar o que acontecerá depois.

Pessoas tóxicas costumam ter como alvo quem já foi vítima de traumas. Não acho que isso seja particularmente sádico, apenas que as vítimas de trauma (que se recuperaram e se resolveram com esse trauma) muitas vezes ignoram ou tentam justificar as falhas dos outros. Elas têm empatia por uma pessoa "danificada" e pessoas tóxicas usam isso para justificar quaisquer características negativas.

O *love-bombing* prepara o caminho para todo o resto. Isso coloca a vítima em uma névoa que só vai se dissipar de verdade depois que a vítima estiver fora dessa situação.

Como se proteger:

- Vá devagar — qualquer pessoa com quem valha a pena estar irá respeitar isso!
- Estabeleça limites — se você se sentir pressionado pela pessoa, isso é um alerta.
- Não fique muito envolvido no momento.
- Não seja excessivamente empático, não tente consertar pessoas ou compartilhar muito de você mesmo desde o início. Conhecer alguém a fundo é importante em um relacionamento genuíno, mas mantenha algo reservado que seja só seu!

GASLIGHTING

Este termo foi cunhado após o filme *À Meia-Luz*, de 1944, que originalmente se chama *Gaslight*, no qual o marido propositalmente faz a esposa pensar que ela está enlouquecendo, a fim de esconder a sua atividade criminosa.

Gaslighting é uma tentativa deliberada de semear a dúvida na mente das vítimas (seja um indivíduo ou um grupo). Isso faz as vítimas duvidarem da própria memória ou percepção da realidade, e até mesmo questionarem a própria sanidade. A pessoa tóxica usa mentira, desorientação, contradição e negação com tanta confiança e convicção que a vítima — que já foi atingida pelo *love-bombing* e acredita que a pessoa tóxica tem apenas as melhores intenções — sente que o problema deve estar nela mesma.

A pessoa tóxica usa afirmações como:

"Isso não aconteceu".

"Você inventou isso!"

"Você tá louco?"

"Fake news!"

É uma tática manipuladora pérfida que distorce e corrói o senso de realidade da vítima. Ela corrói a autoconfiança e inibe a justificativa para denunciar abusos e maus-tratos.

A pessoa tóxica convence a vítima de que confiar na própria experiência é um sinal de distúrbio e que a única pessoa em quem ela realmente pode confiar é o abusador. Para a vítima, é impossível ter certeza das coisas e, sempre que ela passa a entender a situação, a situação muda. Especialmente depois de receber o *love-bombing*, o período de *gaslighting* é muito doloroso. A vítima só quer (e anseia) ter de volta a pessoa adorável que o parceiro era antes e quão especial ele a fazia sentir-se. Ela acreditou nos sonhos e ideais que a fase do *love-bombing* ofereceu, e por isso confia que esta é apenas uma "fase difícil" que eles vão acabar superando. Enquanto isso, a vítima sucumbe e encolhe imperceptivelmente em si mesma a cada dia, permitindo que o abusador assuma o controle total.

Como se proteger:

- Aterre-se na realidade.
- Não deixe as coisas "passarem" e não se distraia da sua realidade.
- Escreva as coisas à medida que acontecem para que possa consultar mais tarde. Escrever é uma ferramenta poderosa para organizar os pensamentos. Colocar as coisas no papel te dá uma distância e perspectiva que você pode não obter apenas no pensamento.
- Converse com amigos e com a sua rede de apoio. O poder de uma comunidade que te valida pode alinhar uma realidade distorcida por uma pessoa maligna e te fazer retomar a autoconfiança. Além disso, seja muito cauteloso com um parceiro que tenta criar barreiras entre você e os seus outros relacionamentos (como amigos e família)! Mantenha os canais de comunicação abertos.
- Esteja centrado na sua própria realidade.
- Valide a sua identidade. Reserve um tempo para si para garantir que está com os pés no chão, faça exercícios de atenção plena e escreva sobre os seus sentimentos em um diário.

PROJEÇÃO E RESSIGNIFICAÇÃO

Isto ocorre quando a pessoa tóxica distorce qualquer falha ou situação de forma a culpar outra pessoa por uma ação própria e fazer com que pareça que ela é a vítima. Um exemplo é acusar a vítima de mentir quando foi a pessoa tóxica que mentiu. Outro exemplo clássico é um parceiro infiel acusar o cônjuge de traição. É uma forma de evitar envolver-se com uma situação ou admitir qualquer responsabilidade. Pessoas emocionalmente feridas podem fazer isso inconscientemente, mas pessoas tóxicas tendem a fazer isso de forma deliberada. Em vez de reconhecer as próprias falhas ou imperfeições, uma pessoa tóxica irá descaradamente despejar as suas características nas vítimas, o que pode ser doloroso e cruel: acusar parceiros de trair, mentir, roubar, ser egoísta, rude, insensível, cruel, distante, desinteressado etc.

Outra forma disso é às vezes chamada de "ressignificação", em que a pessoa tóxica transforma a experiência legítima da vítima em supostas falhas de caráter e evidências de irracionalidade.

Ressignificação é uma técnica usada em terapia para ajudar a criar uma forma diferente de olhar para um caso, situação, pessoa ou relacionamento — simplesmente mudando o seu significado. É uma estratégia que os terapeutas usam para ajudar clientes a olharem para a sua situação de uma perspectiva diferente e ajustarem padrões de pensamento, de maneira que o cliente se sinta mais saudável e mais no controle. No entanto, também pode ser usada por pessoas tóxicas para mudar a forma como a vítima vê algo que o abusador fez.

Por exemplo, depois que uma vítima simplesmente expressa os seus sentimentos porque a pessoa tóxica foi rude, ela pode afirmar:

"Ah, então agora você é perfeito?" ou "Eu sou uma pessoa horrível mesmo, né?"

É uma defesa preventiva porque ela está colocando palavras dramáticas na boca da vítima, invalidando deliberadamente o direito da vítima de ter pensamentos e emoções sobre comportamentos inadequados. Além disso, isso é projetado para incutir um sentimento de culpa ao se tentar estabelecer limites, ao acusar a vítima de ser rude ou de ter pensamentos tóxicos antes que a vítima sequer tenha a chance de discutir o assunto com o agressor.

Pode ser incrivelmente frustrante lidar com "projeção" ou "ressignificação". São técnicas de *gaslighting* e deixam a vítima com a sensação de "sou eu o problema?". Um bom exemplo disso é a vítima ser acusada de egoísmo porque separa um tempo para si, longe da pessoa tóxica e das suas responsabilidades familiares. Isso deixa a vítima se sentindo na defensiva e cautelosa com o abusador, como se estivesse pisando em ovos.

Como se proteger:

- Tente evitar ser sugado. É bom estar aberto a críticas construtivas, mas você precisa dar um passo para trás e se perguntar: "Isso é realmente sobre mim?".
- Novamente, faça anotações e analise-as um pouco mais tarde. Elas parecem fazer sentido?

- Não "projete" a sua empatia nos outros, e não "assuma" as culpas de outras pessoas.
- Se alguém tentar colocar palavras na sua boca (como "Eu sou uma pessoa horrível mesmo, né?"), apenas responda: "Nunca disse isso" e se afaste. Estabeleça limites firmes ao não se envolver nesse tipo de interação.

CONVERSA SEM SENTIDO / SALADA DE PALAVRAS

A salada de palavras, ou conversa sem sentido, é algo natural na psiquiatria. Pessoas com transtornos psiquiátricos (como demência ou esquizofrenia) podem produzir inconscientemente uma sequência de palavras que não faz sentido, embora muitas vezes pensem que faz. No entanto, as pessoas tóxicas podem usar isso conscientemente como uma técnica para desconcertar, confundir ou desequilibrar a vítima. A ideia é desorientar a vítima e fazê-la se distrair (especialmente ao desafiá-la de alguma forma). Isso garante que a vítima não tenha uma resolução satisfatória para uma conversa e então desista de fazer as perguntas difíceis. A vítima fica tentando descobrir o que acabou de ser dito, em vez de passar para o próximo argumento. Isso perturba o seu processo interno de pensamento. No final, a vítima fica se perguntando sobre o que foi toda a discussão em primeiro lugar. A pessoa tóxica incluirá projeção, transferência de culpa, táticas de simpatia, comportamento evasivo, referências a questões não relacionadas ao assunto e vai reiniciar a conversa várias e várias vezes. Isto é feito conscientemente para desacreditar, confundir, frustrar e distrair a vítima do propósito principal.

Por exemplo, pode começar com a vítima trazendo uma preocupação ou pergunta para a pessoa tóxica. De início, não haverá uma resposta direta, ou haverá uma mentira. Se a vítima continuar a solicitar uma resposta, a pessoa tóxica intensificará a conversa usando várias formas de distração ou desvio, ou mesmo dizendo que não é um assunto que ela vai discutir. Ela pode dizer algo provocativo e começar uma discussão sobre um tópico diferente, como acusar a vítima de desconfiança ou infidelidade. Quando a vítima se defende ou pede que a pessoa tóxica pare, a pessoa tóxica usará isso como prova de que a vítima é de fato culpada.

A chave é a pessoa tóxica evitar responder perguntas racionais ou permitir que a vítima tenha uma resolução satisfatória. Isto é frustrante para a vítima e a deixa completamente desequilibrada. Um exemplo disso é muito simples: quando perguntam à pessoa tóxica por que ela fez algo (ou deixou de fazer), ela pode simplesmente responder: "Não vou discutir com você". Se a vítima persistir, a pessoa tóxica irá acusá-la de "não desistir" ou provocará nela uma sensação de culpa por causar drama, e o comportamento em si permanece sem solução.

Enquanto isso, a pessoa tóxica continuará a recompensar e fazer *love-bombing* outra vez, de modo que, quando o assunto for deixado de lado e a vítima recuar, a pessoa tóxica vai lembrar à vítima do quanto ela é amada e perdoá-la por incomodar ou dar um escândalo.

É possível perceber que você está em uma conversa sem sentido nos seguintes casos:

- A conversa parece ser circular, questões que você aponta parecem ser totalmente desconsideradas e a pessoa tóxica fala sobre as questões dela repetidas vezes, sem chegar a lugar nenhum.
- Se você mencionar um mau comportamento, a pessoa irá lembrar de algum erro seu do passado, causando distração e colocando você na defensiva.
- A pessoa tóxica fala em um tom condescendente ou paternalista — ela permanece calma, mas você se torna cada vez mais confuso à medida que a conversa fica mais irracional. A pessoa tóxica usa as suas reações contra você, dizendo que você está "fora de controle".
- Você descobre que, de repente, parece estar se defendendo pelo próprio comportamento que estava criticando na pessoa — é a inversão da culpa, pois ela está projetando o mau comportamento em você.

- A pessoa tóxica muda de tática no meio da conversa, mostrando ter uma variedade de personas — raiva, insultos, ternura, "coitado de mim" ou conciliação. Ela está apenas tentando encontrar uma tática que funcione.
- Você começa a explicar emoções humanas básicas (como por que ficou magoado por uma ação ou falta de ação), assim como a expectativa normal em um relacionamento (como respeito e honestidade).
- Sem aceitar a responsabilidade, a pessoa encontra desculpas para o seu comportamento (juventude, abuso, álcool, falta de atenção), algo que, se funcionar, ela mencionará várias vezes, sem tomar nenhuma medida para resolver o problema ou mudar o comportamento.
- Cada vez que você tem um argumento válido, a pessoa se opõe com longos monólogos que desviam o assunto, vagam e desorientam, com argumentos que te perturbam e levam o seu processo de pensamento por um caminho completamente novo.
- Você recebe declarações genéricas como "Não quero discutir", "Você nunca está satisfeito" ou "Você é sempre muito sensível", em particular se a discussão não foi uma briga.

A pessoa tóxica usará palavras contra a vítima com uma tática circular, que tanto consegue confundir quanto convencer a vítima de que ela é a culpada. Isso é feito conscientemente e o objetivo é distrair, punir ou rebaixar a vítima até que ela desista e aceite a perspectiva da pessoa tóxica sobre os acontecimentos. Além do mais, a vítima está completamente inconsciente de que isso está acontecendo, porque está recebendo *gaslighting* para acreditar que a sua falta de compreensão se deve à própria incompetência.

Com o tempo, a pessoa tóxica "treina" a vítima para simplesmente aceitar a sua versão da realidade. No processo, a vítima é deixada emocionalmente exausta e vulnerável, com medo de dizer qualquer coisa e correr o risco de ser considerada culpada, e ciente de que nada será resolvido.

Às vezes, ao tentar racionalizar as palavras da pessoa tóxica, a vítima vai tentar juntar algo que faça sentido, em geral de forma positiva. Então, ela inventa a desculpa da pessoa tóxica por si mesma, uma que funcione para a vítima.

Por exemplo, quando confrontado com provas contundentes de que estava casado com outra pessoa, Will Jordan disse: "Tudo que direi é que ela só pensa em dinheiro". Se eu ainda estivesse sob o seu controle, poderia muito bem ter interpretado que a outra esposa o estava chantageando, ou que ele tinha se casado com ela para ficar no Reino Unido e pagou-lhe pelo privilégio, ou que ela estava sendo paga por outra pessoa para dizer essas coisas. Naquele momento, eu sabia a verdade e não caí na armadilha de frases cuidadosamente formuladas.

Em uma conversa normal, duas pessoas tentam alinhar as suas realidades e entender o ponto de vista um do outro. A pessoa tóxica tem um objetivo completamente diferente. Ela quer afirmar o seu domínio e superioridade, portanto, convém aos seus interesses não abrir nenhuma brecha. Por exemplo, se for questionada sobre por que não apareceu em um encontro, a pessoa tóxica pode afirmar que o encontro não foi de fato marcado ou confirmado ou nunca foi discutido em primeiro lugar, e depois distrairá a vítima ao perguntar se ela teve um dia ruim e se é por isso que está sendo tão hostil.

Como se proteger:

- Conheça os sinais de uma conversa sem sentido e preste atenção em como a pessoa faz você se sentir ao longo do tempo.
- Se você sente que não consegue abrir a boca e dizer exatamente o que pensa em um relacionamento, então há um problema.
- Antes de abordar uma pessoa para discutir um problema, escreva o que quer descobrir. Depois da conversa, volte ao que escreveu e veja se obteve uma resposta satisfatória.
- Não continue a alimentá-la com um estoque de argumentos. Em vez disso, concentre-se em um assunto e continue voltando a ele.
- Resista a declarações generalizadas (como "Não quero discutir" ou "Você nunca está satisfeito" ou "Você é muito sensível") ao não morder a isca. Diga: "Também não estou discutindo, só quero saber..." ou "Bom, não estou satisfeito em relação a este ponto" e faça a pergunta de novo. Ou diga: "Bom, sou sensível em relação a esse assunto e quero saber...".

Conhecer e compreender os dramas de controle e técnicas tóxicas ajuda as vítimas a reconhecer quando estão sendo manipuladas. Essa consciência, por si só, impede que as técnicas tóxicas funcionem.

Tive uma longa conversa com uma amiga em 2019 que estava em um relacionamento tóxico. Falei com ela sobre as técnicas e os dramas de controle, que ela reconheceu e com os quais se identificou. No entanto, ela ainda resistia. Disse que se enfrentasse o parceiro tóxico ele poderia ir embora, o que a deixava se sentindo impotente. A verdade é que não é possível prosperar em nenhum tipo de relacionamento que mantenha alguém intimidado e sob controle, mesmo que o cônjuge não seja psicopata por natureza. As pessoas deveriam poder relaxar e dizer o que pensam e, ao mesmo tempo, sentir que o parceiro as apoia e as ama. Se isso não acontece, talvez não seja o relacionamento certo.

casei com um
PSICOPATA
Mary Turner Thomson

Livros Recomendados

Se você deseja mergulhar nos temas abordados neste livro, deixo a seguir algumas recomendações de livros, artigos e sites que podem ajudar nessa missão.

Zero Degrees of Empathy: A New Theory of Human Cruelty
(Simon Baron-Cohen, 2011, Penguin)
É possível que, em vez de pensar em termos de bem e mal, todos nós estejamos em algum lugar no espectro da empatia, e nossa posição nesse espectro possa ser afetada tanto por genes quanto por nossos ambientes? Por que algumas pessoas tratam as outras como objetos? Este livro examina uma compreensão em um estudo do que significa ser humano.

Mulheres que Amam Psicopatas: Como Identificar Homens com Distúrbios de Personalidade e se Livrar de um Relacionamento Abusivo
(Sandra L. Brown, 2018, Cultrix)
Existem milhões de homens com traços psicopáticos ao redor do mundo, mas pouco se fala sobre as vítimas desses relacionamentos e as consequências que eles acarretam para a mulher. A psicoterapeuta Sandra Brown revela, por meio de relatos de casos e estudos desenvolvidos ao longo de 20 anos em seu instituto, quem são essas mulheres e como elas podem identificar esse tipo de relacionamento e se recuperar de suas consequências devastadoras.

Sem Consciência: O Mundo Perturbador dos Psicopatas que Vivem Entre Nós
(Robert D. Hare, 2012, Artmed)
Em um misto de curiosidade e repulsa, as pessoas têm cada vez mais se interessado por histórias de serial killers, psicopatas assassinos que rondam estudos, livros, filmes e podcasts. Mas nem todo psicopata é um serial killer. Alguns deles vivem entre nós.

Neste livro, dr. Hare descreve, a partir de seus vinte e cinco anos de pesquisas, manipuladores e mentirosos que, sem sentimentos, acabam adentrando as vidas de suas vítimas.

Just Like His Father?
(Liane J. Leedom, 2006, Healing Arts Press)
Até onde a genética é responsável por criar psicopatas? Pesquisas apontam que essa predisposição à psicopatia vem 50% dos pais e 50% do ambiente social em que a criança se desenvolve. Apesar de não poder controlar a questão genética, há a possibilidade de criar um ambiente acolhedor para que a criança cresça. Em *Just Like His Father?*, a dr. Leedom busca ferramentas para lidar com esses genes e para construir um lar saudável para seus filhos.

The Psychopathic Mind: Origins, Dynamics, and Treatment
(Reid J. Meloy, 2004, Rowman & Littlefield)
Em *The Psychopathic Mind*, o psicólogo forense Reid Meloy identifica a psicopatologia como um distúrbio de desenvolvimento desviante, que pode ser caracterizado por ausência de vínculos e agressão instintiva.

O Teste do Psicopata
(Jon Ronson, 2014, BestSeller)
Depois de ser contatado por uma famosa neurologista britânica que, junto de seus colegas, recebeu cartas indecifráveis, e, mais tarde, conhecer o autor das mensagens, Jon Ronson partiu em busca do conhecimento sobre a psicopatia — desde os psicopatas clássicos, alguns deles até mesmo presos, até aqueles manipuladores que conseguem se infiltrar nas vidas de suas vítimas. A partir de suas pesquisas, Ronson escreveu *O Teste do Psicopata*.

Social Killers: Amigos Virtuais, Assassinos Reais
(RJ Parker e JJ Slate, 2015, DarkSide Books)
Enquanto um vampiro precisaria ser convidado para entrar, um psicopata online não vai perder a oportunidade de entrar quando encontrar janelas abertas. O livro, tão educativo quanto assustador, reúne alguns dos casos mais angustiantes de criminosos que usaram as redes sociais para se aproximar de suas vítimas. Stalkers, predadores sexuais, assassinos, e outros monstros que chegam perto com um simples pedido de *follow*.

Artigo avalia a psicopatia como um espectro. *Experienced clinician says psychopathy is a spectrum.* Disponível em: <https://lovefraud.com/experienced-clinician-says-psychopathy-is-a-spectrum/>

Will Jordan foi tema de vários artigos, notas e notícias. Eis aqui um artigo no *LoveFraud* sobre ele. *Will Allen, convicted sex offender and bigamist, deported from the UK, returns to New Jersey.* Disponível em: <https://lovefraud.com/true-lovefraud-stories/will-allen-jordan/>

O estilo de linguagem de Donald Trump não é por acaso. *One year of Trump: Linguistics expert analyses US President's influence on language.* Disponível em: <https://news.liverpool.ac.uk/2018/01/19/one-year-trump-linguistics-expert-analyses-us-presidents-influence-language/>

Estudo examina se os traços psicopáticos em uma amostra não encaminhada poderiam aumentar a precisão das percepções da vulnerabilidade da vítima. Implicações para a prevenção da vitimização são discutidas. *Psychopathic Traits and Perceptions of Victim Vulnerability.* Disponível em: <https://journals.sagepub.com/doi/abs/10.1177/0093854809333958>

O episódio que Jon Ronson fez sobre o meu caso pode ser ouvido no YouTube. *The Internet Date from Hell.* Disponível em: <https://www.youtube.com/watch?v=oXsorUZMhdQ>

Artigo do *The Guardian* em que Jon fala sobre ter escrito o livro *O Teste do Psicopata* após a nossa entrevista. *Jon Ronson on The Psychopath Test: the author explains how a bigamous husband led him to 'a huge thought' about how the world is run – and turned into a book.* Disponível em: <https://www.theguardian.com/books/2012/jan/03/jon-ronson-psychopath-test-paperback-qna>

Jon Ronson produziu um programa ao vivo com ele no episódio final de *Cinco Noites com Jon Ronson* no Leicester Square Theatre, em Londres. O programa se chamava *Noite Psicopata* e pude participar para falar sobre o meu caso. O *New York Press* desenvolveu uma resenha a respeito para você saber como foi. *Review: Jon Ronson: Psychopath Night, Central Methodist Church, York, November 11.* Disponível em: <https://www.yorkpress.co.uk/leisure/comedy/14905389.review-jon-ronson-psychopath-night-central-methodist-church-york-november-11/>

Normalmente eu apenas recomendaria o documentário ao longo do texto, mas *I am Fishead* está disponível online e explica muito claramente como psicopatas operam no local de trabalho. A introdução desse documentário quase me causou um ataque de pânico, ouvi várias vezes, sentindo como se estivesse levando um soco no estômago. *I am Fished.* Disponível em: <www.filmsforaction.org/watch/i-am-fishead-2011/>

Estudo examina a relação entre psicopatia e precisão na avaliação da vulnerabilidade da vítima em uma amostra de presidiários de uma penitenciária de segurança máxima em Ontário, Canadá: 47 detentos assistiram a vídeos curtos de alvos andando e julgaram o quão vulnerável cada alvo era à vitimização. *Psychopathy and victim selection: the use of gait as a cue to vulnerability.* Disponível em: <https://pubmed.ncbi.nlm.nih.gov/23422847/>

Matérias sobre Empatia

6 Things You Need to Know About Empathy: we're born with the capacity for empathy, but it's learned behavior. Disponível em: <https://www.psychologytoday.com/us/blog/tech-support/201701/6-things-you-need-know-about-empathy>

13 Signs That You're an Empath What is an empath — and how do you know if you are one? Disponível em: <https://highlysensitiverefuge.com/empath-signs/>

The signs you might be an empath. Disponível em: <https://www.independent.co.uk/life-style/empath-signs-filters-boundaries-solitary-nature-character-narcissism-psychology-personality-a8165701.html>

Can Empathy Be Dangerous? Can It Hurt You? We borrow from the tragedy of others to make our empty days feel purposeful and high-stakes. Disponível em: <https://happyproject.in/empathy-hurts/>

Are you a psychopath magnet? 7 traits that make you susceptible. Disponível em: <https://www.sheknows.com/health-and-wellness/articles/1096279/traits-that-make-you-susceptible-to-a-psychopath/>

Informações e sites de apoio

O site *Barnados's: Believe in Children* traz informações sobre apoio a crianças com um dos pais na prisão. Acesse: < https://www.barnardos.org.uk/what-we-do/helping-families/children-with-a-parent-in-prison>

O *National Information Centre on Children of Offenders* é um centro de informação nacional do Reino Unido para apoio a filhos de criminosos. Acesse: <https://www.nicco.org.uk/>

O *LoveFraud* é um site muito especial com informações para vítimas de sociopatas e psicopatas, e oferece apoio online com material de qualidade e casos atualizados. Acesse: <www.lovefraud.com>

No Brasil, a Central de Atendimento à Mulher atua pelo telefone de emergência 180 e oferece três tipos de atendimento: registros de denúncias, orientações para vítimas de violência e informações sobre leis e campanhas. A Ouvidoria Nacional de Direitos Humanos é responsável pelo canal de denúncia, que funciona 24 horas por dia, todos os dias da semana. O contato pode ser por telefone (180), chat online (site da Ouvidoria) ou aplicativo de celular (Direitos Humanos Brasil), desenvolvido pelo Ministério da Mulher, da Família e dos Direitos Humanos.

MARY TURNER THOMSON cresceu em Edimburgo. Ela tem um Bacharelado em Artes Criativas e Cênicas, assim como diplomas em marketing, consultoria de negócios e literatura/escrita criativa. Trabalhou como consultora de negócios, consultora de marketing e palestrante motivacional antes de decidir escrever *The Bigamist*, uma autobiografia sobre o seu casamento com um golpista bígamo. Mary também é coautora de *Trading Places* (2009), a verdadeira história de como Natalie Hutchison sofreu violência doméstica, mas reiniciou a vida abrindo o próprio negócio, e até mesmo ganhou o prêmio Trading Places em 2006. Ela também escreveu um livro de humor sobre o que os sociopatas dizem e o que realmente querem dizer: *The Sociopath Subtext*. Saiba mais em maryturnerthomson.com

CRIME SCENE®
DARKSIDE

There's blood on your lies
The sky's open wide
There is nowhere for you to hide
The hunter's Moon is shining

— "RUNNING WITH THE WOLVES", AURORA —

DARKSIDEBOOKS.COM